Pyar Troll-Rauch: Wir
Aurum Verlag in
© J. Kamphausen Verlag &
Distribution GmbH, Bielefeld, 2009
info@j-kamphausen.de
www.weltinnenraum.de

Lektorat: Dirk Grosser
Umschlag: Björn Gaus
Illustration: Dirk Grosser
Typografie/Satz: Wilfried Klei
Druck & Verarbeitung:
Westermann Druck Zwickau

Bibliografische Information der Deutschen Nationalbibliothek

Die Deutsche Nationalbibliothek verzeichnet diese
Publikation in der Deutschen Nationalbibliografie;
detaillierte bibliografische Daten sind im Internet
über http://dnb.d-nb.de abrufbar.

1. Auflage 2009

ISBN 978-3-89901-204-0

Pyar Troll-Rauch

wir

Wege zur Verbundenheit

AURUM

„Ich traue uns", sagte die Singdrossel.[*]

---

* aus: Reinhard Brandau, Tagebuch einer Singdrossel, bts-Verlag 1996

Einführung

Wir alle sind Natur als Körper, sind Klarheit als Geist und sind Liebe als Seele. Wir alle sind verwoben in einem staunenswerten, das All durchwirkenden Netz der Verbundenheit. Wir sind ein großes WIR, und doch leiden wir oft an Abtrennung, an Unverständnis, erleben Begrenzung und Hilflosigkeit, ökologische, soziale und wirtschaftliche Krisen und Probleme.

Um mit den Herausforderungen unserer Zeit intelligent umgehen und ökologische, soziale und politische Probleme nachhaltig lösen zu können, halte ich es für wesentlich, dass möglichst viele Menschen ein tiefes Verständnis und eine tiefe eigene Erfahrung der überpersonalen Dimension der Raumhaftigkeit und des klaren Gewahrseins des Geistes gewinnen und stabilisieren. Und nicht weniger wichtig ist es, die Wirklichkeit der wechselseitigen Verbindung und Abhängigkeit aller Wesen zutiefst zu verstehen, zu erfahren und umzusetzen. Meines Erachtens kann es nur mit dieser Sicht aus dem reinen Gewahrsein und im Erfahren der Vernetztheit unserer inneren Strukturen und unserer Umwelt gelingen, adäquat auf die Herausforderungen unserer Zeit zu antworten und dabei ein glückliches und zufriedenes Leben zu führen. Ich wage zu behaupten, dass diese Sicht aus umfassenderem Gewahrsein heraus die Grundlage für jede nachhaltige Veränderung ist, die über ein Flickwerk hinausgehen soll, und ich halte diese Sichtweise daher für unabdingbar für uns alle – seien wir Ärzte oder Handwerker, Büroangestellte oder Top-Manager, Anwälte oder Politiker, Eltern oder Singles.

Ich möchte Sie also mitnehmen auf eine Reise von der Illusion zur Klarheit und weiter zur Verwirklichung und Sie dazu anregen mit

Wegen zur Verbundenheit selbst zu experimentieren. Denn wir sind nicht hilflos, sondern jeder Einzelne von uns kann etwas bewegen, in sich und in seinem Wirkungskreis. Barack Obama hatte mit seinem Wahlkampfslogan 2008 sicher Recht: „Yes, we can!" Ja, wir können es wirklich, meine ich.

Im Laufe des Buches wird immer wieder der Begriff der Integration auftauchen. Sie ist in allen Aspekten unseres Innenlebens und unserer Umwelt dringend gefordert, sowohl für den Einzelnen, als auch für den ganzen Planeten. Integration hat mit Heilung zu tun, mit Heil-Sein – sogar mit heilig sein.

Ich bin keine Expertin für Wirtschaft oder Ökologie, hoffe aber trotzdem, Ihnen Anregungen geben zu können, wie wir mit anstehenden Problemen kreativ umgehen können. Ich wage das deshalb, weil ich sicher bin, dass wir vieles, was uns auf den Nägeln brennt und uns leiden lässt, nur lösen können, wenn wir bereit sind auf einer sehr tiefen Ebene unseres Geistes dazuzulernen und umzudenken. Und genau das ist das Gebiet, auf dem ich seit Jahren arbeite.

Ich arbeite in diesem Buch auch erstmals mit Mindmaps. Sie entsprechen den neuronalen Vernetzungen in unserem Gehirn und regen unser kreatives Denken daher ungemein an. Mindmaps entsprechen auch annäherungsweise der Wirklichkeit der wechselseitigen Verbundenheit zwischen allem und verdeutlichen deshalb auf wundervolle Weise sehr gut, worauf es mir in diesem Buch ankommt. Deshalb finden Sie am Anfang jedes Kapitels ein Mindmap zur Übersicht über den jeweiligen Inhalt, und am Ende des Kapitels ein Mindmap, in das Sie selbst einzeichnen können, was Sie im Verlaufe des Kapitels inspiriert hat, welche eigenen Gedanken Ihnen dazu kommen, welche Verknüpfungen und Ideen Ihre Kreativität erschafft. Ich möchte Sie dazu einladen, selbst mit den Mindmaps zu experimentieren.

Welchen besseren Beginn gäbe es für dieses Buch als den Blick auf in ihrer Grandiosität schon fast erschreckende Berge, die tief von Schnee bedeckt vor mir gegen den Abendhimmel erstrahlen – und die Krähen, die ihren abendlichen Tanz vollführen. Einen weiteren Anfang hatte dieses Buch vor einem Jahr, als ich am Ufer des Mekong saß und auf einer viel tieferen Ebene als jemals zuvor begriff, was Fluss bedeutet. Noch frühere Anfänge hatte das Buch in jedem Staunen über die Natur, in jedem Lernen über die Wunder der Zusammenhänge unseres Universums. Viele Anfänge hatte es im Kennenlernen unserer eigenen wahren Natur der Klarheit und Liebe. Viele, viele Anfänge hatte es im Erschrecken über unsere menschliche Dummheit im Umgang mit der Erde, mit Ressourcen und Mitmenschen, und in den vielen Momenten, die von Gefühlen der Hilflosigkeit in Anbetracht all unserer Dummheit und auch Unverfrorenheit bestimmt waren. Momente beim Lesen der Zeitung, beim Sehen von Filmen, im Sprechen mit Schülern und Freunden. Und natürlich hatte es einen Anfang, als mein Verleger und mein Herausgeber mich baten, dieses Buch zu schreiben.

Ich danke allen, die zum Entstehen dieses Buches beigetragen haben und dafür sorgten, dass es nicht beim Anfang blieb. Ganz besonderer Dank gilt Doris Iding, Dirk Grosser, Nirdoshi Troll und Nirupa Reese für ihre tatkräftige Unterstützung, und meinem Mann Andreas für sein Dasein und seine Geduld …

… und Luise, unserer alten Schäferhündin, der dieses Buch ein großes Anliegen ist und die jeden Morgen bereits vor meinem Schreibtisch wartete, wann ich endlich weiterarbeite.

1 WIR-klichkeit

„Form ist Leerheit und Leerheit ist Form.
Weder ist Form verschieden von Leerheit,
noch Leerheit verschieden von Form.
Dasselbe gilt für Gedanken, Gefühle,
Handlungen und Bewusstseinszustände."

BUDDHA, DAS HERZSUTRA

Die ersten beiden Kapitel entführen Sie auf die Reise von der Illusion zur Klarheit, die restlichen Kapitel handeln mehr von der weiteren Reise zur Verwirklichung oder Umsetzung. Also beginnen wir mit dem ersten Schritt, so wie jede Reise beginnen sollte:

Die meisten Menschen erleben sich als singulär, als einzelnes Wesen, und versuchen aus dieser Sicht eine Verbindung zu ihrer Umwelt und dem Nächsten aufzubauen. Das WIR wird also als ein Ich *und* Du, ein Ich *und* die anderen erlebt. Dieses Erleben entspricht einer Sicht auf die Oberfläche des WIR. Wenn diese Sicht so bestehen bleibt und nicht vervollständigt wird, werden daraus immer wieder Frustration und Trennung erfolgen. Aus dieser eingeschränkten Sicht heraus ist es auch schwierig sich mit dem zu verbinden, was manche Menschen Gott, manche Existenz, manche das Selbst, manche absolute Realität und manche wieder ganz anders nennen.

In meinem Erfahren, das sich mit dem vieler Mystiker aus Ost und West deckt, zeigt die tiefere Sichtweise Folgendes auf:

Es gibt Raumhaftigkeit, manche nennen sie auch Leerheit, das Selbst oder Göttlichkeit. In ihr befinden sich alle Dinge von den Sonnen bis zu den Atomen und sie durchdringt alle Dinge. In ihr finden alle Bewegungen und Handlungen statt. Sie ist unveränderbar, ohne Anfang oder Ende in Raum und Zeit. Sie ist Raum und sie ist Stille, ist klares Bewusstsein. Nichts kann ohne sie sein, so wie es kein Ding geben kann ohne den Raum, der es beinhaltet. Diese Raumhaftigkeit ist wie der Raum selbst, in dem alle Galaxien kreisen. Sie ist in der Dimension des Geistes zugleich die klare Natur des Geistes, die reines Bewusstsein, nacktes Gewahrsein ist, unveränderlich, ewig und überindividuell – unsere wahre Natur. Jeder individuelle Geist hat daran teil. Und jeder Gedanke, jedes Gefühl, jeder Bewusstseinszustand kommt und geht darin, so wie alle Dinge und Ereignisse im Raum auftauchen und wieder vergehen.

Diese Leerheit, Raumhaftigkeit ist also *kein* Vakuum, sondern stellt vielmehr den Raum zur Verfügung, in dem alles geschieht und alle Objekte vom Atom bis zur Galaxie ihren Platz haben. Genauso ist die klare Natur des Geistes nicht gedanken- oder gefühllos, sondern stellt den geistigen Raum für alle Gedanken und Gefühle zur Verfügung.

Raum ist um alles und auch in allem. Versuchen Sie sich vorzustellen, dass Sie mit einem Raumschiff aus den Tiefen des Alls kommend sich unserer Galaxie nähern. Sie nehmen immer noch die Unendlichkeit des Raumes wahr, und zugleich werden die Strukturen unserer Milchstraße deutlicher. Es ist wie das Heranzoomen eines Bildes. Sie fliegen noch näher an unser Planetensystem heran, erreichen die Sonne und erblicken die Erde – immer noch ohne das Bewusstsein der Unendlichkeit des Raumes zu verlieren. Sie zoomen weiter auf die Stadt, in der Sie leben, auf das Zimmer, in dem Sie gerade sitzen, auf sich selbst und noch weiter in Ihren eigenen Körper hinein. Jetzt sehen Sie, dass um alles Raum ist, aber auch Raum in allem, in Ihrem eigenen Körper, in Ihren eigenen

Zellen, zwischen den Molekülen, in den Atomen. Dieses Bild des Zoomens werde ich öfter verwenden, wenn ich Sie anregen möchte, aus dem bewussten Gewahrsein auf Objekte, welcher Art auch immer, zu schauen.

Die folgende Abbildung soll Ihnen meine Sicht der Wirklichkeit nahebringen:

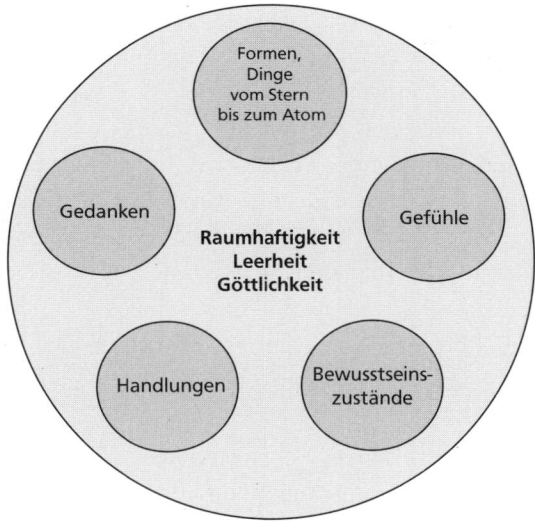

Man könnte auch von zwei Dimensionen sprechen: Die absolute Dimension der Göttlichkeit, der Leerheit, der Bewusstheit, der Raumhaftigkeit, und die relative Dimension aller Phänomene, die darin sind. *Wirklichkeit, Wahrheit ist beides zusammen.* Relativ bedeutet hier also nicht unbedeutend oder zu vernachlässigen. Daher sagt Buddha im Herzsutra: „Form ist Leerheit und Leerheit ist Form. Weder ist Form verschieden von Leerheit, noch Leerheit verschieden von Form." Anderes anzunehmen oder zu glauben wäre Illusion. Die absolute Dimension ist ewig, unwandelbar, unverändert und nicht zusammengesetzt. Alle Formen, Gedanken, Gefühle, Handlungen und Bewusstseinszustände jedoch haben einen Anfang und ein Ende, sie sind Wandel und Veränderung unterworfen, sie sind aus kleineren Einheiten zusammengesetzt und bilden mit anderen Formen größere Einheiten. Sie befinden sich in einer wechselseitigen Verbindung, Beeinflussung, Wirksamkeit und Bezogenheit aufeinander. Anderes anzunehmen oder zu glauben wäre Illusion.

Für mich ist die Raumhaftigkeit eine Erfahrung von immenser Klarheit, tiefer Friedlichkeit und lebendiger Stille. Diese Raumhaftigkeit ist nicht in die Dinge involviert, die in ihr existieren. Auch das nackte Gewahrsein, das in der Dimension des Geistes das Äquivalent zum Raum ist, ist nicht in die Objekte der Wahrnehmung oder in die Gedanken involviert. Es ist nicht besorgt. Es ist einfach nur gewahr. Es ist friedlich, still und durchdrungen von einer sehr feinen Freude. Diese Freude entsteht aus sich selbst heraus ohne irgendeine Ursache. Und sie bringt, so ist mein Erfahren, bereits eine freudige, feine Bewegung in das Unmanifeste hinein. Und sie ist unvermeidlich. Die Raumhaftigkeit kann nicht anders als in dieser freudigen Bewegtheit zu sein. Und diese freudige Bewegtheit kann nicht anders als in die Manifestation, in die Inkarnation zu gehen, so dass Dinge im Raum und Gedanken oder Gefühle in unserem Geist entstehen. Die Dinge, Gedanken, Handlungen, Zustände und Gefühle vergehen wieder, aber der Raum bleibt, die Freude bleibt, das Gewahrsein bleibt. Neues entsteht, natürlich in einer wechselseitigen Wirkung. Dies ist zumindest mein eigenes Erfahren in meinem eigenen Geist und in der Betrachtung der Phänomene.

Das Christentum beschreibt dieses Erfahren mit der Dreifaltigkeit: Gott Vater, Heiligem Geist und Sohn, der Buddhismus in der Lehre der drei Kayas, den drei Körpern, die eine sehr schlüssige Sicht auf die Wirklichkeit ermöglichen. Die Raumhaftigkeit oder die klare Natur des Geistes wird hier als Dharmakaya bezeichnet. Die Freudigkeit wird als Regenbogenkörper, Freudekörper oder Sambhogakaya bezeichnet. Die Manifestation, sei es Form, sei es Gedanke, sei es Gefühl, sei es Handlung, sei es Bewusstseins-zustand, wird als Manifestationskörper oder als Nirmanakaya bezeichnet. Diese drei Körper sind wie die drei Seiten eines Dreiecks. Ich kann nie eine Seite oder eine Ecke wegnehmen. Es gibt keine Raumhaftigkeit ohne Dinge, ohne Inhalt. Es gibt keine Dinge ohne den Raum, aus dem sie entstanden sind und in dem sie sich befinden. Es gibt auch keine Dinge ohne die Freude aus der sie geschaffen sind. Und es gibt auch keine Freude ohne den Raum. Wir können diese verschiedenen Aspekte genauer betrachten, so wie man von verschiedenen Seiten auf ein Kunstwerk schaut, aber wir können diese Seiten nicht auseinandernehmen und nur eine Seite des Dreiecks betrachten, genauso wenig, wie wir ein Kunstwerk auseinandernehmen können. Die drei Dimensionen gehören untrennbar zusammen.

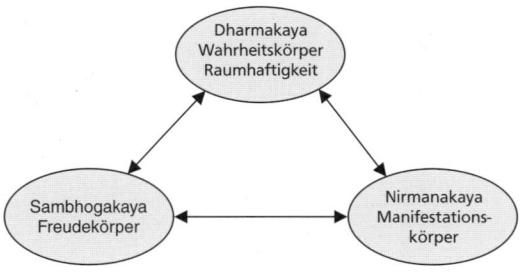

Das Gleiche gilt natürlich auch für das WIR, welches auch diese drei Dimensionen hat. Jedes WIR befindet sich im Raum und enthält Raum. Menschen finden zu einem WIR zusammen, bestimmte Konstellationen entstehen, und das aus diesem ursprünglichen freudigen Impuls der Raumhaftigkeit. Das gilt für jede Gesellschaft, jede Zusammenkunft von Menschen, welcher Art auch immer.

Das Modell der drei Kayas löst in mir immer Freude aus, weil es sich für mich sehr stimmig anfühlt, und ich konnte auch beobachten, dass es bei vielen anderen Menschen ein Gefühl von Freude auslöst oder eine Resonanz in ihrem Herzen bewirkt. Ich glaube, dass es sehr hilfreich ist, sich dieses Modells in bestimmten Situationen zu erinnern, weil es uns eine kreativere Perspektive gibt und uns die Wirklichkeit in ihren verschiedenen Aspekten zugänglich und erfahrbar macht. Für mich birgt dieses Modell sehr viel Raum und ich kann darin beobachten, wie die Dinge entstehen und vergehen, vergehen und entstehen. Selbst Verbindungen zwischen Menschen und gesellschaftliche Kontexte entstehen aus Raumhaftigkeit und Freudigkeit.

Alle Menschen haben natürlich die Erfahrung der Dinge und Manifestationen, und ich bin überzeugt, dass die meisten Menschen ein Erfahren von Raumhaftigkeit haben. Oft pendeln sie auch zwischen diesen beiden Erfahrungen hin und her und schaffen so eine neue Trennung zwischen Raum und Inhalt, die aber nicht korrekt ist, denn Raum und Inhalt sind nicht zu trennen. Form *ist* Leerheit und Leerheit *ist* Form. Eine Ursache dafür könnte darin liegen, dass – zumindest nach meiner Lehrerfahrung der letzten zehn Jahre – häufig ein direktes Erfahren des dritten Körpers, des Freudekörpers, oder Sambhogakaya fehlt. Die Freude bildet ja eine Brücke zwischen Raum und Phänomenen, zwischen Leerheit und Formen. Wenn aber diese Dimension in unserer Erfahrung fehlt, fällt es schwer, Raumhaftigkeit und Strukturen, Inhalte, Probleme in unserer Sicht zu vereinen.

Sambhogakaya ist wie ein feines Vibrieren noch vor der Bewegung, die stille Freude des Göttlichen, die Freude der Raumhaftigkeit noch vor dem Erschaffen der Dinge. Sambhogakaya lautet wie der Klang der ungeschlagenen Trommel, ist Entzücken des Geistes noch vor jedem Gedanken oder Gefühl.

Um uns Sambhogakaya erfahrbar zu machen, habe ich eine Übungsmethode entwickelt, die ich Sambhogakaya-Meditation nenne. Seit geraumer Zeit arbeite ich in meinen Retreats und sonstigen Veranstaltungen mit dieser Methode mit vielen Menschen und biete dort immer wieder eine Einführung an.

Zoomen

Machen Sie immer wieder mal das Gedanken-Experiment des Zoomens: Stellen Sie sich vor, wie Sie aus den Tiefen des Alls kommend sich unserem Sonnensystem nähern. Sie nehmen immer noch die Unendlichkeit des Raumes wahr, und zugleich werden die Strukturen der Planeten deutlicher. Schließlich erblicken Sie die Erde – immer noch ohne das Bewusstsein der Unendlichkeit des Raumes zu verlieren. Sie zoomen weiter auf die Stadt, in der Sie leben, auf das Zimmer, in dem Sie gerade sitzen, auf sich selbst, auf Ihre Haut und gleiten in Ihrer Vorstellung in Ihren Körper hinein. An der Körperoberfläche beginnt eine neue Reise, Sie nähern sich Ihren Zellen, den Zellorganellen, den Molekülen, den Atomen, aus denen Ihr Körper besteht, und stellen fest, dass Sie sich wieder durch ähnliche Strukturen bewegen wie Planetensysteme, und Sie finden viel Raum, viel Platz zwischen all diesen Zellen, Molekülen, Atomen – genau wie im All. Auf dieselbe Weise können Sie sich jedem Ding und jedem Gedanken, jeder Struktur, die Sie wahrnehmen können, nähern. Und Sie können auch umgekehrt „herauszoomen", indem Sie sich wieder der Wahrnehmung der Weite des Raumes öffnen, wenn Sie sich in einer Situation oder Gefühlswallung gefangen fühlen.

Leisten Sie sich das Zoomen auch, wenn Sie gerade im Stress sind. Sie werden sehen, dass Ihr Geist sich klärt – vielleicht taucht dann ein Lächeln auf, wenn Sie aus den Tiefen des Raumes und im Gewahrsein der Weite auf die Enge Ihrer momentanen Situation blicken.

Meditation – Offenes Gewahrsein

Es gibt zwei grundsätzliche Meditationsmethoden. Den Geist zu fokussieren ist die eine. Vipassana, die Urmethode Buddhas ist eine solche. Man beobachtet den eigenen Atem, und das bringt uns immer wieder in die eigene Mitte und ins Gewahrsein.

Die zweite Methode ist offenes Gewahrsein. Hierzu zeige ich Ihnen eine einfache Übung: Wahrscheinlich sitzen Sie gerade, vielleicht liegen Sie auch am Strand oder im Bett – egal wo Sie sind, werden und seien Sie sich als Erstes bewusst wo Sie sind. Fühlen Sie wo Sie Ihren Stuhl, Ihre Couch, den Boden oder das Gras, auf dem Sie liegen, berühren. Denken Sie gerade? Wahrscheinlich, denn Sie lesen ein Buch. Und jetzt denken Sie bitte nicht nur, sondern bemerken Sie, dass Sie denken. Seien Sie sich Ihres Denkens und Fühlens bewusst. Neu daran ist Ihnen vielleicht, sich dieser Bewusstheit gewahr zu werden. Und das ist eine riesige Entdeckung. Denn dieses Bewusstsein, das Ihres Denkens und Fühlens gewahr ist, ist die klare Natur des Geistes selbst, ist nacktes Gewahrsein selbst. So einfach. Und jetzt „legen" Sie sich entspannt in dieses Gewahrsein wie in einen kosmischen Liegestuhl. Seien Sie dieses Gewahrsein, das ganz einfach alles wahrnimmt, was in ihm geschieht. Dieses Gewahrsein ist unfokussiert und offen wie der Raum. Und wenn Sie daran zweifeln, dann ist ganz einfach das, was sich dieses Zweifelns bewusst ist, das Gewahrsein – entspannen Sie sich dahinein.

2 WIR in der WIR-klichkeit

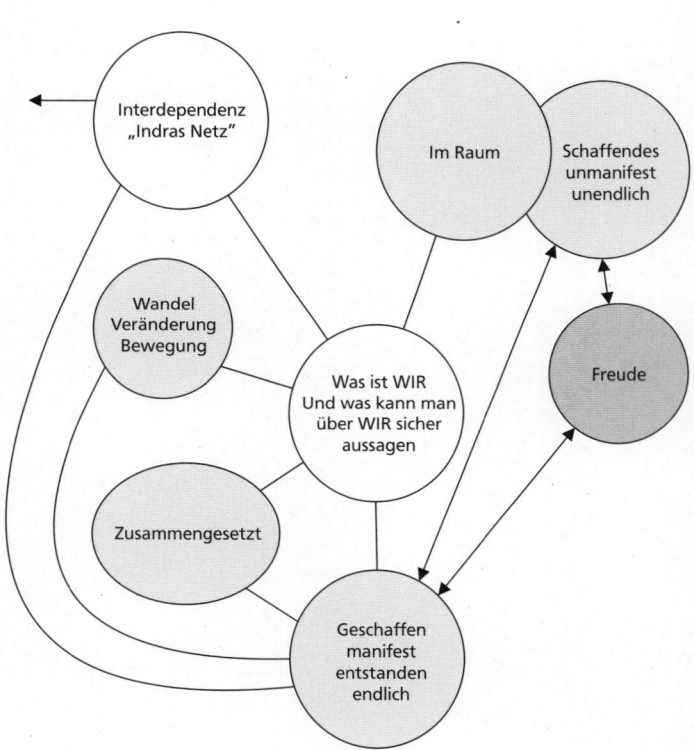

„Im unendlichen Mandala des Raums
haben alle Phänomene leicht Platz.
Sie haben leicht Platz und da ist immer noch Weite.
Im unendlichen Mandala der Geistessenz
haben alle Gedanken und Gefühle leicht Platz.
Sie haben leicht Platz und da ist immer noch Weite."

PADMASAMBHAVA,

(TIBETISCHER MEISTER, 9. JHDT.)

Die ersten Fragen, die bei der Beschäftigung mit dem Begriff „WIR"
auftauchen, lauten: „Was kann ich über das WIR sicher aussagen?",
„Was ist dieses WIR?" oder „Was können wir im Detail über „WIR"
aussagen?", „Wo sind WIR?" und „Wer sind WIR?" Die verschiedenen Antworten auf diese Fragen wirken zunächst relativ spärlich,
denn es ist nicht sehr viel, was wir definitiv über das WIR sagen
können. „Wir" ist zwar ein Wort, das wir ständig verwenden, aber
trotzdem wissen wir nicht wirklich viel darüber. Sie werden jedoch
beim weiteren Lesen feststellen, dass das Wenige, was wir über
das WIR und seine komplexe Verbundenheit aussagen können,
wesentlich für unser Begreifen der Welt und ihrer Entwicklung ist
und vor allem wesentlich dafür zu einer stabilen Umsetzung unserer Einsichten zu kommen.

Im Raum

Mit Sicherheit jedenfalls können wir aussagen, dass WIR uns immer
im Raum befinden. Ohne Raum kann nichts existieren, und ohne
Raum gibt es natürlich auch kein WIR.

Es ist wichtig sich seiner selbst, des Raums, und des Raums im
Geist, der nacktes klares Gewahrsein ist, bewusst zu werden und
dann im zweiten Schritt aus diesem Raum heraus, aus der Klarheit
des Geistes heraus all die Strukturen, Dinge, Gedanken, Gefühle,

die sich im Raum und im Geist befinden, zu betrachten. So schauen wir aus diesem Raum heraus mit dem Auge der Weisheit anstatt wie sonst meist mit der beschränkten Sicht, die sich nur mit den Strukturen und Inhalten beschäftigt und darüber den Raum vergisst. Diese beschränkte Sicht ermöglicht uns zwar Konzentration auf ein bis zwei Dinge, die wir dabei genau betrachten, verhindert aber den Überblick auf das Ganze mit all seinen Zusammenhängen. Das reine Gewahrsein des Geistes besitzt dieselbe Qualität wie der Raum in der physikalischen Dimension. Dieses Gewahrsein ändert sich nie, genauso wenig, wie sich der Raum jemals ändert, egal, was in ihm gerade ist oder geschieht. „Im unendlichen Mandala des Raums haben alle Phänomene leicht Platz. Sie haben leicht Platz und da ist immer noch Weite."

Im Raum des Gewahrseins geschehen verschiedene Dinge: intelligente Gedanken und dumme Gedanken, angenehme Gefühle und unangenehme Gefühle. Dieses Gewahrsein, diese klare Natur des Geistes, die all das beherbergt, bleibt dabei jedoch unverändert, unbewegt und unberührt. „Im unendlichen Mandala der Geistessenz haben alle Gedanken und Gefühle leicht Platz. Sie haben leicht Platz und da ist immer noch Weite."

Meistens aber sind wir damit beschäftigt, uns auf den Inhalt des Raums oder des Geistes zu konzentrieren, damit zu arbeiten und uns in Folge daran zu erfreuen oder darunter zu leiden. Den Raum selbst nehmen wir dabei oft gar nicht wahr. Genauso sind wir so sehr mit einzelnen Gedanken oder Gefühlen beschäftigt, dass wir gar nicht mehr bemerken, dass wir uns all dessen gewahr sind. Gelingt es uns aber diesen Raum des immer beständigen Gewahrseins zu entdecken, können wir im nächsten Schritt aus der Sicht des Gewahrseins auf den Inhalt des Raums oder des Geistes „zoomen" und die Struktur fokussieren, die gerade zu betrachten ist. Dadurch gelingt es uns, dass wir bei der Beschäftigung mit Strukturen, Gedanken und Gefühlen das Erfahren des Gewahrseins nicht verlieren, sondern in Kontakt damit bleiben. Wir gewinnen einfach eine weitere Perspektive. Wir können immer aus der Struktur in die Raumhaftigkeit und aus der Raumhaftigkeit in die Struktur wechseln. Wenn uns dies gut gelingt, können wir beides zugleich halten. Erst wenn wir beides zugleich halten können, sind wir in der Wirklichkeit.

Die meisten Menschen schauen jedoch immer aus den Gedanken auf die Gedanken, aus der Struktur auf die Struktur, beschäftigen sich stets mit gedanklichen oder emotionalen Inhalten des Geistes und selten mit dem Geist selbst. Zu irgendeinem Zeitpunkt geschieht auf dem Weg der individuellen Entwicklung ein erstes Erfahren von Raumhaftigkeit. Das kann ein kleines Aufblitzen während der Meditation sein, kann aber auch beim Betrachten eines Sonnenuntergangs passieren, manchmal auch beim Sex oder in einem Moment großen Erschreckens. Man findet Geschmack daran, denn hier ist Frieden und Stille und Beständigkeit und diese feine Freude, von der ich weiter oben berichtet habe.

Einmal mit der Raumhaftigkeit in Kontakt gekommen, suchen wir nach Methoden, die uns darin unterstützen, diese Raumhaftigkeit leichter zu erfahren. Wir beginnen ernsthaft zu meditieren oder geben uns einer anderen spirituellen Praxis hin. Ab einem gewissen Punkt in diesem Prozess werden viele Menschen fast süchtig nach dem Erfahren des Raums und lehnen die Struktur, den Inhalt des Raumes ab. Hier beginnt ein neuer Abschnitt der Entwicklung, der mit vielen Schlenkern verbunden ist. Zunächst sind die Menschen mehr in der Raumhaftigkeit, fallen dann aber wieder komplett in die Struktur, weil man die Raumhaftigkeit auf Dauer nie ohne die Betrachtung ihres Inhaltes erfahren kann. Dann geht es wieder in die Raumhaftigkeit und wieder zurück in den Alltag, mit all seinen Schwierigkeiten: hin und her und hin und her. Dieses Hin und Her ist natürlich eine neue Dualität, eine neue Abspaltung. Ein Widerspruch wird geschaffen zwischen Raum und Inhalt, zwischen Gott und Welt, zwischen Gewahrsein und Gedanken. Einerseits ist es eine neue

Dualität, die der Geist erschafft, gleichzeitig ist es aber auch eine ganz natürliche Phase auf dem Weg innerer Entwicklung im Bemühen und Ringen um Integration und Verwirklichung. Irgendwann, mit viel Übung und mit einer guten Anleitung wird es möglich, die Struktur oder den Inhalt und die Raumhaftigkeit, Gedanken und Gewahrsein, Gott und Welt miteinander zu verbinden bzw. gleichzeitig wahrzunehmen. Dann erfahren wir die Wahrheit von Buddhas Ausspruch: „Form ist Leerheit und Leerheit ist Form." Und damit haben wir jetzt ganz neue Möglichkeiten, das zu integrieren, was zu integrieren ist.

Für mich ist es immer wieder schön zu beobachten, wie bei den Menschen die Entwicklung eines solchen Prozesses vonstatten geht und wie es ihnen mit der Zeit immer besser gelingt, verschiedene Aspekte, die ihnen in der Raumhaftigkeit gewahr geworden sind, in ihren Alltag zu integrieren. Einige meiner Schüler sind zum Beispiel Ärzte, wahrscheinlich weil auch ich Ärztin bin, und ich kann voller Freude feststellen, dass ihnen die Integration der Weisheit in ihr Leben oft erstaunlich gut gelingt. So zum Beispiel ein Orthopäde, der im Verlauf eines einzigen Tages etwa 80 Patienten behandelt. Dazwischen hat er einzelne Tage, an denen er osteopathisch praktiziert und sich mehr Zeit für seine Patienten nehmen kann. An solchen Tagen integriert er ein kurzes meditatives Element in seine Behandlung: Er nimmt sich vor den Behandlungen einen Moment Zeit innezuhalten, um ins Gewahrsein zu gehen, die Weite des Geistes und des Raumes wahrzunehmen. Er macht das für sich selbst, fordert aber auch seine Patienten auf, es ihm gleichzutun und erreicht damit eine ganz neue Tiefe der Behandlung. Gleichzeitig baut er seinen eigenen Stress ab. Ich habe generell den Eindruck, dass es immer mehr Ärzten gelingt, ganzheitlicher zu denken oder ganzheitlicher zu behandeln und dabei weniger gestresst zu sein. Denn in Abwandlung des Textes Padmasambhavas vom Kapitelanfang könnte man sagen: Im unendlichen Mandala des Raumes haben sogar alle Kassensysteme leicht Platz. Sie haben leicht Platz und da ist immer noch Weite.

Gelingt es einem Arzt in diesem ganzen Getriebe den Raum wahrnehmen zu können, erkennt er unweigerlich, wie viel Weite dann immer noch vorhanden ist. Sie ist viel mehr und viel weiter als die durch die Anforderungen des Berufs vorgegebenen engen Strukturen. Und der Raum ist derselbe in einer Wirtschaftskrise oder in Zeiten des Wohlstands. Damit in Kontakt zu kommen und diesen zu halten ist also unabhängig von äußeren Umständen, sondern nur eine Frage des beständigen Übens. In meinem Erleben ist all dieses Üben jedoch immer eine Erfahrung von Jahren und nicht von Tagen.

Manifest – Geschaffen – Entstanden

Jegliches WIR ist manifest, aber nicht von Anbeginn, sondern es entsteht und vergeht wie alle anderen Dinge, die sich im Raum befinden. Es gibt kein Wir, das schon immer da war. Es gehört zur Manifestation, oder buddhistisch gesprochen zur Form und nicht zur Leerheit. Nachdem es etwas Manifestes wie das Wir gibt, gibt es natürlich auch etwas Unmanifestes, aus dem heraus das Wir entsteht. Das ist der Raum, den ich auf den vorherigen Seiten beschrieben habe. Und das, was diesen Raum veranlasst, die Wunder des Seins entstehen zu lassen, ist wiederum die Freude.

Wandel / Bewegung

Und genau wie alles andere sind WIR einem ewigen Wandel unterworfen. Das wird oft vergessen. Was ich in meinem Leben heute als Wir begreife, kann morgen schon ein ganz anderes Wir sein. Durch eine Trennung, eine Kündigung oder einen Tod haben wir von einem Moment auf den anderen ein vollkommen anderes Wir. Es gibt nichts Statisches, nichts immer Gleiches im Bereich der Phänomene, und auch nicht im Bereich des Wir. Dieser Aspekt wird oft übersehen, obwohl wir ihn in unserer Geschichte ständig beobachten können.

Wenn ich zum Beispiel an meinen Geburtsort denke: Einst war es eine kleine keltische Siedlung am Rande der Alpen – und wir waren die keltischen Einwohner dieser Siedlung. Als die Römer auftauchten, trieben wir Handel mit ihnen, und einige von ihnen blieben und verheirateten sich mit uns Kelten. So wurde aus WIR, die keltischen Bewohner dieses Fleckens, WIR die keltisch-römische Bevölkerung. Bis heute gibt es einige Familien in diesem Ort, die pechschwarze Haare und Augen und römische Nasen haben. Der Nachbarort unserer inzwischen keltisch-römischen Siedlung war eine kleine germanische Ansiedlung, die von den Römern nicht weiter beachtet wurde und mit der WIR keltisch-römische Menschen nichts zu tun haben wollten. So ging es über viele Jahrhunderte. Noch vor 150 Jahren war es verpönt, ein Mitglied des anderen Ortes zu heiraten. Im letzten Jahrhundert wurden beide Ortschaften zwangsweise zu einem vereint, und die Bewohner mussten lernen ein größeres WIR in einem größeren Ort zu verwirklichen.

Indras Netz – Die Wirklichkeit der unendlichen Bezogenheit

Wenn wir von einem WIR sprechen, ist auch klar, dass eine wechselseitige Verbundenheit, Abhängigkeit und Wirksamkeit zwischen den Mitgliedern dieses WIR besteht. Das nennt man Interdependenz. Lama Anagarika Govinda prägte dafür den wunderschönen Ausdruck: „Die Wirklichkeit der unendlichen Bezogenheit".

Diese unendliche Bezogenheit wird mit dem Bild von Indras Netz in der indischen Mythologie am schönsten und besten anschaulich gemacht und verdeutlicht: Die ganze Welt besteht aus einem Netz, das der Gott Indra ins leere All geworfen hat. Indras Netz ist ein multidimensionales Netz, das unendlich viele Verknüpfungspunkte hat. An jedem dieser einzelnen Verknüpfungspunkte befindet sich eine schimmernde, glänzende Perle, und in jeder dieser einzelnen Perlen spiegelt sich wiederum eine jede andere Perle. Diese Perlen stehen symbolisch für einen Menschen, ein Tier oder ein Wesen.

Durch das Bewusstwerden und Bewusstsein, dass wir alle Teile von Indras Netz sind und zusammen Indras Netz bilden, ist es natürlich auch ein schöner Gedanke, dass wir dadurch in diesem WIR gehalten werden. Indras Netz ist aber nicht wie das soziale Netz unserer Gesellschaft zu verstehen, weil es ganz andere Dimensionen hat und viel einfacher ist.

Immer wieder ist für mich eine Brücke von der gewöhnlichen Sicht zur Sicht auf Indras Netz das Staunen, insbesondere das Staunen über sehr Einfaches. Als wir letztens auf der Autobahn fuhren, haben wir uns gewundert, wie viele Insekten durch die Luft flogen. An einer Tankstelle haben wir dann gesehen, dass alle Autofahrer ihre Windschutzscheiben putzten, weil sehr große Mengen der Insekten auf den Fenstern klebten. Später haben wir gehört, dass es sich bei diesen Insekten um riesige Schwärme von Distelfaltern handelte, die von Nordafrika nach Europa flogen. Distelfalter sind von Natur aus Wanderfalter. Sie kommen jedes Jahr, aber diesmal müssen Milliarden über Bayern geflogen sein. Distelfalter leben zuerst in Nordafrika, im Frühling vermehren sie sich am Mittelmeer und kommen dann zu uns, wo sie zum zweiten Mal Eier ablegen. Zwei Generationen von Schmetterlingen, von denen es ein paar Falter zurück nach Afrika schaffen, der Rest verendet hier. Wenn ich so etwas höre, staune ich. Und wenn ich über diese Insekten und ihre Wanderung staune, bin ich in einer erfahrbaren Verbindung mit ihnen. Es ist ja ein Unterschied, ob ich eine faktische und existierende Verbindung zwischen allem und allen weiß, oder ob sie mir erfahrbar wird. Aber wo genau ist diese Verbindung erfahrbar? Wenn wir bereit sind, über die Dinge des Lebens zu staunen, ist das eine große Hilfe, weil es uns vom rein rationalen Verstehen zum Erfahren bringt.

Wie bei allen wichtigen Erkenntnisprozessen gibt es auch hier drei Schritte: Das Verstehen einer neuen Sichtweise, das Üben und Erfahrbar-Machen dieser neuen Erkenntnis und dann ihre Integration ins Leben.

Wenn wir uns alle als dieses Wir in Indras Netz erfahren und begreifen, kann es uns viel leichter gelingen, all die vielfältigen und verschiedenen Aspekte des Lebens miteinander zu verbinden. Diese Sicht und auch diese Erfahrung zu vermitteln ist mein Anliegen in diesem Buch, aber auch in meiner persönlichen Arbeit mit Menschen. Wenn es uns gelingt, die spirituellen, gesellschaftlichen, wirtschaftlichen, ökologischen und sozialen Aspekte zusammenzubringen und als miteinander verbunden zu erfahren, können wir auch erkennen und sehen, wie unendlich viel Raum für alles und jeden darin vorhanden ist. Was damit gemeint ist, wird auf wunderschöne Weise in dem Text von Padmasambhava deutlich, den ich an den Anfang dieses Kapitels gestellt habe.

Dass das WIR in sich und mit allem in einer wechselseitigen Abhängigkeit steht, dass es sich wandelt und kommt und geht in seiner Form und immer ein Zusammengesetztes ist, das betrifft alle Dinge, alle Handlungen, alle Emotionen und alle Bewusstseinszustände. So ist die Wirklichkeit der Dinge. Wenn wir einen dieser Aspekte vernachlässigen, erliegen wir schon einer Illusion. Das heißt, alle Dinge existieren wirklich, sie sind und sie sind genau so, wie sie sind. Die Inder benennen es als Maya und die Buddhisten als Illusion, wenn man diese Wirklichkeit verkennt. Die tiefe Einsicht in diese Wirklichkeit aller Dinge und die Tatsache, dass alle Dinge in Raum und Zeit auf uns einwirken, die tiefe Erkenntnis dieser wechselseitigen Verbindung, erfuhr Buddha unter dem Bodhibaum. Er erlebte eine tiefe Einsicht in die Raumhaftigkeit, aber andererseits auch eine tiefe Einsicht in die Interdependenz aller Dinge. Dies nannte er seine Erleuchtung. Was Buddha da erkannt hat, ist nichts Abgehobenes, sondern eine ganz klare Einsicht in Tatsachen, die ihn dazu führte, sein Lehren darauf zu konzentrieren, wie wir Leiden beenden können.

In einem wunderschönen kleinen Buch steht: „Wir sind Erde, Sonne, Mond und Sterne" – wie wahr:

„...nach allen Seiten offen und mit allem verbunden, das ist unsere Situation im Raum. Auch die Woge der Gammastrahlen von Hiroshima saust nach allen Richtungen immer weiter ins All. Der Schrei einer abgerissenen Blume wird bis in den entferntesten Winkel des Weltalls gehört. Hat das ein Inder gesagt, ein Indianer oder Goethe? Es gibt also keine Grenzen, es gibt nur Verbindungen. Grenzen sind eine Erfindung imperialistischer Machthaber, eine Fiktion. Wir sind genau gesehen ein gutes Stück Erde, wozu reichlich Wasser und etwas verborgenes Feuer gehören. Dazu gut Sonne und eine letztlich nicht ganz erforschte Lebenskraft, die bis vor kurzem fast überall der Einfachheit halber „Gottes Wille" genannt wurde. Aber die wenigsten haben begriffen, dass sie tatsächlich Erde sind. Gewesen sind, sind und immer sein werden. Dann Sonne, dann Mond und dann Sterne. Das ist kein esoterischer Pipifax, sondern eine schlichte Grundwahrheit, die sogar in der Bibel ganz vorne vorkommt. Wir sind Erde, Sonne, Mond und Sterne und gäbe es eine Grenze, könnten wir nicht sein. Sagen Sie jetzt bitte laut: ‚Ich bin Erde, Sonne, Mond und Sterne."[1]

Zu erkennen, dass wir tatsächlich Natur *sind,* ist wesentlich. Immer wenn wir sagen „ich schütze die Natur" oder „heute geh' ich mal in die Natur", dann haben wir fast schon vergessen, dass wir selbst Natur sind.

---

[1] Jan Moewes in „Für 12,80 durch das Universum", Verlag Zweitausendeins, Frankfurt a.M., 1996

Die Ecken des Raums wahrnehmen

Gerade wenn Sie sich in schwierigen oder stressigen Situationen befinden, ist es hilfreich, sich aller acht Ecken eines Raums bewusst zu sein. Oben und unten, vorne und hinten, links und rechts. Das hilft Ihnen, wieder in den gegenwärtigen Moment zu kommen und die Weite des Raumes zu erspüren. Diese Übung geht sehr schnell und ändert die innere Haltung. Wenn Sie sich des äußeren Raums bewusst werden, erfahren Sie auch schon wieder einen Geschmack von Weite, und Sie werden sich leichter tun, wieder Zentrierung und Weite gleichzeitig zu finden.

Eigenschaften der Dinge

Staunen Sie immer wieder, aus wie unendlich vielen kleineren Teilen alles, mit dem Sie umgehen, zusammengesetzt ist. Alles besteht aus kleineren Teilchen, die wiederum aus noch kleineren Teilchen bestehen. Und es gibt nur ca. 100 verschiedene Elemente, aus denen alle Dinge in ihrer Vielfalt bestehen. Was für ein Wunder. Machen Sie sich bewusst, wie die Dinge und auch Gedanken und Befindlichkeiten kommen und gehen. Erinnern Sie sich, dass keine der Zellen, die Ihren Körper jetzt ausmacht, zu Ihrer Geburt bereits vorhanden war.

Do it yourself

Lassen Sie Ihrem Geist freien Lauf, wenn Sie jetzt selbst an dem folgenden Mindmap weiterzeichnen. Was kommt Ihnen spontan zu diesem Kapitel in den Sinn? Vielleicht haben Sie ganz andere Assoziationen als ich? Welche Aspekte spielen bei Ihnen eine wichtige Rolle und begründen das WIR?

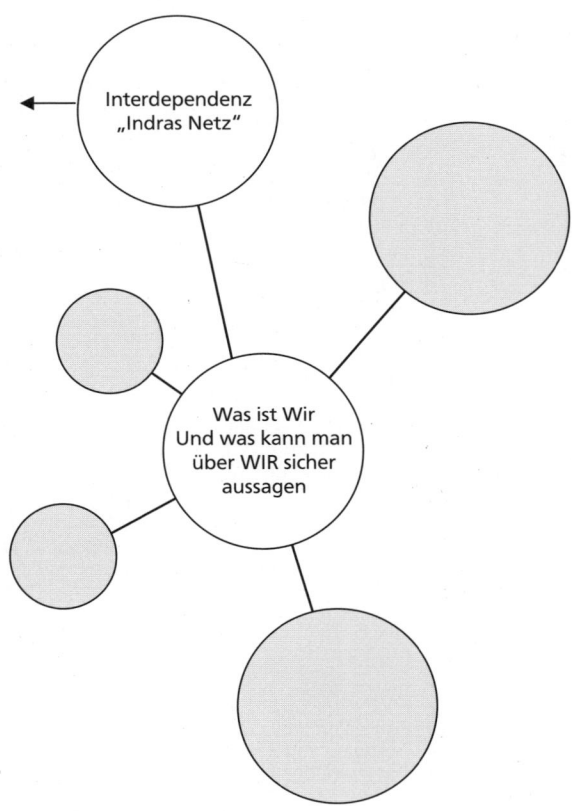

3 WIR – Vernetzung

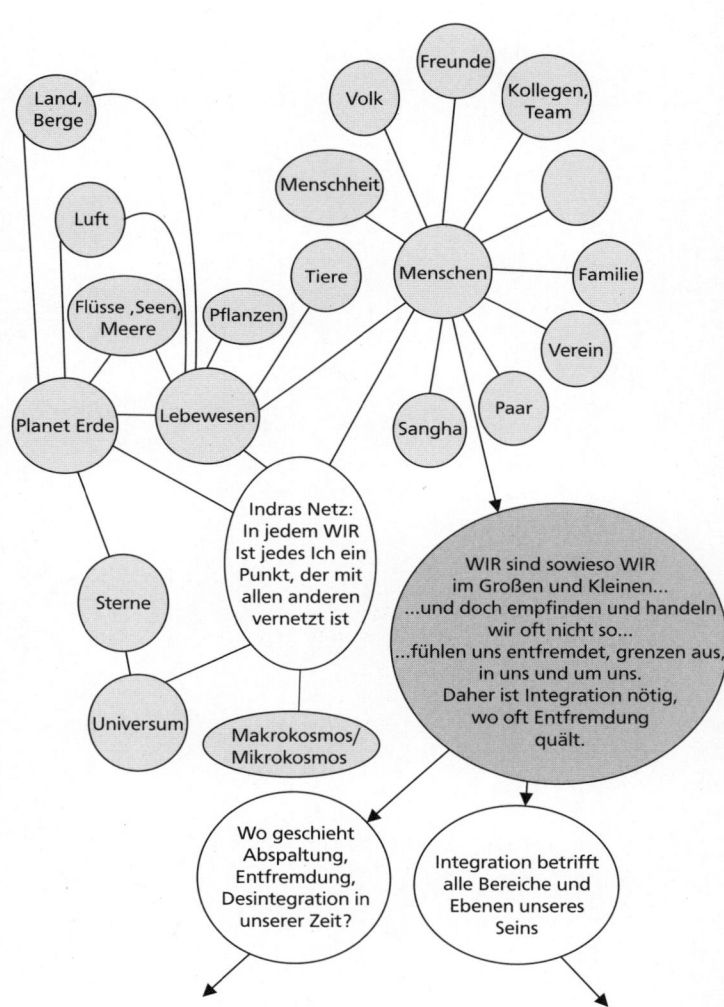

Land, Berge

Luft

Flüsse ,Seen, Meere

Planet Erde

Lebewesen

Pflanzen

Tiere

Menschheit

Volk

Freunde

Kollegen, Team

Menschen

Familie

Verein

Paar

Sangha

Sterne

Universum

Indras Netz:
In jedem WIR
Ist jedes Ich ein
Punkt, der mit
allen anderen
vernetzt ist

Makrokosmos/
Mikrokosmos

WIR sind sowieso WIR
im Großen und Kleinen...
...und doch empfinden und handeln
wir oft nicht so...
...fühlen uns entfremdet, grenzen aus,
in uns und um uns.
Daher ist Integration nötig,
wo oft Entfremdung
quält.

Wo geschieht
Abspaltung,
Entfremdung,
Desintegration in
unserer Zeit?

Integration betrifft
alle Bereiche und
Ebenen unseres
Seins

Indras Netz – WIR und ICH

„Niemand ist eine Insel,
in sich selbst vollständig,
jeder Mensch ist ein Stück des Kontinents,
ein Teil des Festlands.
Wenn ein Lehmkloß in das Meer fortgespült wird,
so ist Europa weniger,
gerade so, als ob es ein Vorgebirge wäre,
als ob es das Landgut deines Freundes wäre oder dein eigenes.
Jedes Menschen Tod ist mein Verlust,
denn mich betrifft die Menschheit,
und darum verlange nie zu wissen,
wem die Stunde schlägt,
es gilt dir selbst"

John Donne (Engl. Dichter, 1572 – 1631)

Indras Netz durchwirkt das ganze All mit all seinen Galaxien, Sternen und Planeten. Einer dieser Planeten ist der wunderschöne blaue Planet Erde, die Heimat der Menschen. Indras Netz umfasst alle Steine und Berge, jeden Krümel Erde und Sand, die Luft und das Meer, die Flüsse und Seen. All dies sind Perlen in Indras Netz, die jede andere Perle widerspiegeln. Und alle Lebewesen von Amöben und Bakterien über Pflanzen und Pilze bis zu Tieren und Menschen sind Perlen in Indras Netz. All dies gehört zum WIR.

Wir Menschen wiederum bilden Gemeinschaften in Indras Netz, die wir als Wir empfinden, z.B. als Paare und Familien, sind WIR als Dorf-, Stadt- und Völkergemeinschaften, sind WIR als Vereine, Freundeskreise und Arbeitskollegien und sind WIR als Menschheit.

Im Mindmap am Anfang dieses Kapitels können Sie sehr gut die Verwobenheit und Bezogenheit all dieser Perlen in Indras Netz nachvollziehen. Die Erde existiert nur in Zusammenhang mit der Sonne, diese nur in Zusammenhang mit der Milchstraße, diese wiederum im Raum.

Alle Lebewesen auf diesem Planeten sind abhängig von Luft, Sonne, Erde und Wasser. Wir Menschen sind untereinander, mit allen Lebewesen und mit der Erde in einem dichten Geflecht von wechselseitiger Wirkung und Abhängigkeit verbunden. Dieses Geflecht der Wirksamkeit umfasst Raum und Zeit. Eine Ursache kann in der Vergangenheit an einem weit entfernten Ort gelegt worden sein und hier und heute seine Auswirkungen für mich zeigen. Manche behaupten, der Flügelschlag eines Schmetterlings in Südamerika habe Einfluss auf unser Klima hier in Europa. Hinzu kommt noch, dass jedes Geschehen auf vielen Ursachen beruht und jedes Handeln vielerlei Wirkungen auslöst.

Dieses Gesetz von Ursache und Wirkung ist sehr komplex und man darf nicht den Fehler machen, zwingend *eine* Ursache mit *einer* Wirkung zu verknüpfen. Als Ärztin erlebe ich oft, dass Patienten versuchen, eine unmittelbare Kausalität zwischen ihren Gedanken, Handlungen und ihrer Krankheit herzustellen. Das kann, muss aber nicht stimmen. Im Sinne von Indras Netz wäre es eher zu kurz und zu eng gedacht, wenn eine zwingende Verbindung zwischen den Dingen hergestellt wird. Das ist mir viel zu einfach. Das Leben ist meiner Ansicht nach viel zu komplex, um so denken zu können. Indras Netz ist so multidimensional und so komplex, dass wir es mit unserem Verstand nicht erfassen können.

Diesen Zusammenhang von Ursache und Wirkung mit all seiner Komplexität nennen die Menschen im Osten Karma. Ein Beispiel: Ich sitze am Computer und schreibe diese Zeilen. Dafür sind viele Ursachen notwendig: Meine eigene Motivation dieses Buch zu schreiben, der Wunsch meines Verlegers es zu veröffentlichen. Die

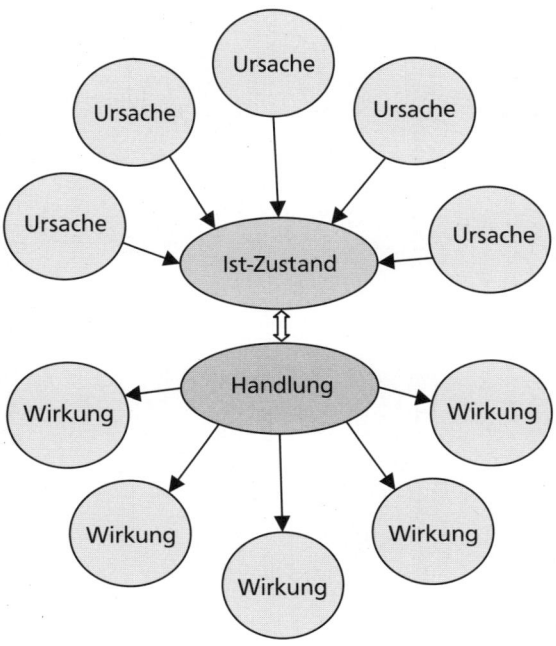

Sonne, die durchs Fenster scheint und meinen Arbeitsplatz beleuchtet. Geniale Softwareentwickler, die (das ist z.B. eine Ursache in der Vergangenheit!) es mir leicht machen, hübsche kleine Mindmaps in den Text einzufügen. Damit diese Menschen das leisten konnten, brauchten sie Eltern, die sie zeugten und aufzogen, brauchten sie Nahrung und Kleidung, Auftraggeber und Geld. Ich brauche Maus und die Tastatur (oder den Kugelschreiber…), die wiederum aus vielen verschiedenen Materialien zusammengesetzt und entstanden sind, hauptsächlich aus Plastik. Plastik ist ein Erdölprodukt, das wir nur zur Verfügung haben, weil vor langer, langer Zeit Muscheln und anderes Getier in Meeren lebten, wo heute nur Wüste ist. Usw. usw. Wenn wir das zu Ende denken wollten, würde die Kapazität unseres Gehirnes nicht ausreichen – zu komplex ist die Wirklichkeit der unendlichen Bezogenheit und des Gesetzes von Ursache und Wirkung. Wir bekommen jedoch eine Ahnung, dass letztendlich alles mit allem zusammenhängt. Und mein Tun hier wird Wirkungen zeigen – ich hoffe zum Wohle des Ganzen. Wenn wir alle uns immer wieder unserer Verbundenheit und gegenseitigen Bezogenheit in Indras Netz bewusst sind und versuchen, unser Tun entsprechend auszurichten, dann ist uns, der Erde, dem Planeten und Indras Netz sehr geholfen.

Da es für unseren Verstand aber sehr schwierig ist, sich dieser Verbundenheit und Komplexität bewusst zu sein, finden Sie am Ende dieses Kapitels eine Übung um sich diese Dimension unserer ständigen Verbundenheit bewusst zu machen.

Im „WIR" ist jedes „ICH" ein Punkt

Wir Menschen haben diese wundervolle Fähigkeit uns reflektierend als WIR zu begreifen. Wir können uns sogar als ganz großes WIR erfahren und wie Jan Moewes vorschlägt sagen: „Wir sind Erde, Sonne, Mond und Sterne". Wenn wir unser WIR-Gefühl definieren, können wir es ausdehnen oder schrumpfen lassen. So können wir zum Beispiel sagen: Wir sind diese Familie, wir sind jenes Volk, wir sind die Menschheit, wir sind Lebewesen oder wir sind Erde, wir sind die Sterne oder wir sind das Universum. Egal ob wir unser Wir-Empfinden ausdehnen oder schrumpfen, das „Ich" ist immer ein einzelner Punkt im Geflecht des WIR. So empfinde ich mich auch als WIR, wenn es um die Fertigstellung dieses Buches geht. Ich empfinde den Verlag, die Druckerei, die Fahrer, die Buchhandlungen als WIR. Ich empfinde uns nicht als Ich, die Autorin *und* der Verlag, die Autorin *und* der Drucker usw. Ich empfinde jeden von uns als eine der Perlen in Indras Netz, die durch das Garn des WIR miteinander verflochten sind. Analog zu unserem Bild des WIR könnten wir Padmasabhavas Text umdeuten und sagen: „Im unendlichen Mandala des Raums haben alle WIRs leicht Platz. Sie haben leicht Platz und da ist immer noch Weite."

Darüber hinaus besitzen wir Menschen eine große Freiheit in unserem Geist und können uns daher jedes Mal aufs Neue überlegen, wie umfassend dieses WIR im jeweilgen Kontext für uns persönlich ist oder sein soll. Vielleicht wollen wir unser WIR gerade nur auf zwei Menschen begrenzen, vielleicht aber wollen wir es auf das ganze Leben oder auf das ganze Universum ausdehnen. Das Ich aber ist dabei immer nur ein Punkt im Ganzen und nicht mehr. Natürlich ist dieser Punkt in einer Zweierbeziehung relativ gesehen viel größer als bei 80 Millionen Menschen. In meiner Ehe bin ich bereits die Hälfte, bei 80 Millionen in Deutschland lebender Menschen bin ich nur ein 80-Millionstel. Das macht für die eigene Wahrnehmung einen großen Unterschied, dessen wir uns erst einmal bewusst werden müssen und den wir entsprechend berücksichtigen und respektieren sollten, denn er beeinflusst unsere Fähigkeit zu einem WIR maßgeblich. Die Hälfte zu sein, ist für die meisten Menschen viel einfacher als ein Millionstel zu sein. Und sich mit dem eigenen Partner in einer verbindlichen Beziehung zu sehen, ist viel naheliegender als sich mit 80 Millionen Menschen verbunden zu fühlen, die man persönlich nicht kennt. Genau betrachtet aber fällt es uns auch schon als Paar oft schwer, uns als WIR zu begreifen, und sehen uns stattdessen als Ich *und* Du. Das liegt daran, dass wir uns normalerweise als getrennt erleben, als „ich hier" und „du dort". Und genau dieses unzureichende Verständnis von WIR gilt es zu überwinden. In dem Film „Corellis Mandoline" definiert ein alter Mann auf wundervolle Weise, was für ihn Liebe bedeutet: „Liebe ist dann zwischen zwei Menschen gewachsen, wenn die Wurzeln der beiden Bäume zusammenwachsen." Das heißt, dass in der Liebe eine Aufhebung der Trennung von „Hier bin ich" und „Da bist du" passiert und wir aus der Überwindung der Trennung heraus beginnen, aus gemeinsamen Wurzeln zu leben.

Haben Sie sich schon einmal überlegt, was eine Grenze ist? Nehmen wir zum Beispiel die Oberfläche eines Teiches. Diese Oberfläche definieren wir zumindest zunächst als klare Grenze zwischen Wasser und Luft. In Wirklichkeit aber besteht an keiner Stelle des

Teiches oder der darüber liegenden Luft so viel Austausch und Verbindung zwischen Wasser und Luft wie genau an der Oberfläche. Hier steigen kontinuierlich Wassermoleküle in die Luft und befeuchten sie, und ständig dringen Sauerstoffmoleküle ins Wasser ein und beleben es. Dies bedeutet, dass genau da, wo wir zunächst scharfe Abgrenzung vermuten, in Wirklichkeit der Bereich größter Verbindung und Austausches ist. Oder haben Sie schon darüber nachgedacht, ab welchem Punkt des Essensvorgangs genau Sie von Ihnen aufgenommene Nahrung als „Ich" bezeichnen würden? Wenn das Brot gekaut wird? Wenn es geschluckt wird? Wenn es verdaut ist? Ab wann ist das Stück Brot Peter oder Inge und nicht mehr Brot? Und ab wann ist das, was wir ausscheiden, nicht mehr Peter oder Inge, sondern Kot und Urin?

Wir tun uns auch deshalb so schwer, uns vollkommen auf dieses WIR einzulassen, weil wir Angst haben, uns im Anderen zu verlieren. Dabei übersehen wir, dass wir uns ganz im Gegenteil zusammen mit dem Anderen sehr weit entwickeln könnten. Vielleicht haben einige Menschen Erfahrungen mit Verletzungen, Übergriff und Missbrauch erlebt, so dass sie sich deshalb schwer tun, sich unbefangen auf das WIR einzulassen. Hier ist nicht nur sexueller Missbrauch gemeint, Missbrauch kann sehr vielschichtig sein. Wir können ebenso auch emotionalen oder geistigen Missbrauch erleben und uns in Folge dessen für das WIR verschließen und innerlich unnatürliche Grenzen aufbauen. Dabei merken wir aber nicht, dass wir dann innerhalb der eigenen Grenzen verhungern. Überwinden können wir diese unnatürlichen Grenzen nur, indem wir *gute* Erfahrungen machen und es immer wieder – vielleicht auch zunächst vorsichtig – probieren, uns neu auf das WIR einzulassen, und dabei den Glauben an unsere eigene Größe nicht verlieren. Und die Liebe hilft dabei!

Jede Perle in Indras Netz, also jedes Ich empfindet sich ganz natürlich als Mittelpunkt des Ganzen. Das ist vollkommen richtig und wahr, denn Indras Netz ist unendlich und multidimensional. Sie sind also tatsächlich der Mittelpunkt der Welt, dürfen dabei nur nicht vergessen, dass dasselbe auch für jeden anderen gilt und Sie mit jedem anderen in Verbindung stehen, dass Sie in dieses Netz hinein wirken und auf Sie Wirkung ausgeübt wird. Daraus folgt: Niemand ist eine Insel, und niemand ist wirkungslos.

Makrokosmos und Mikrokosmos

Jeder einzelne Mensch ist als Ich ein Punkt innerhalb eines größeren WIR und ist zugleich für sich selbst schon wieder die Heimstatt eines ganzen Kosmos. Körperlich betrachtet lebt jeder von uns in gutem Zusammen-Wirken mit Milliarden von Bakterien auf und in uns. Sind die Kolibakterien in unserem Darmtrakt nicht vorhanden, haben wir ein großes Problem mit unserer Verdauung. Und die Kolibakterien selbst sind von unserem Leben abhängig und sterben mit uns. Sie sind also auf Gedeih und Verderb mit uns verbunden.

Körperlich gesehen bildet jeder von uns auch einen Zellverband, der eine gewisse Ordnung und Struktur braucht. Jede Zelle ist von den anderen Zellen abhängig und befindet sich mit ihnen in Wechselwirkung, eine sehr feine und staunenswerte Wechselwirkung. Wenn wir hier wieder das Bild des Zoomens verwenden, dann kommen wir vom All und zoomen auf die Erde, zoomen auf den Menschen. Dann schlägt es plötzlich um und unter der Haut betreten wir einen neuen Kosmos. Und in diesem Kosmos ist viel, viel Platz. Da sind Zellen, die miteinander leben. Sie bestehen aus Molekülen, aus Atomen – und dazwischen viel Zwischenraum, viel Platz. Um wieder mit Padmasambhava zu sprechen: Im unendlichen Mandala des Raumes haben alle Zellen leicht Platz. Sie haben leicht Platz und da ist immer noch Weite.

Mit unserem menschlichen Geist verhält es sich ganz ähnlich. Einerseits ist er dieser eine individuelle Geist, gleichzeitig ist er teilhabend am großen Gewahrsein, das nicht individuell ist. Dieses große Gewahrsein, diese Raumhaftigkeit des Geistes beherbergt und durchdringt jeden individuellen Geist samt all seinen Gedanken und Gefühlen. Diese Raumhaftigkeit des Geistes ist die klare Natur des Geistes, ist nacktes Gewahrsein. Gedanken und Gefühle erscheinen darin, so wie die Körper im Raum erscheinen und zugleich von Raum durchdrungen sind. Und zwischen all den Gedanken herrscht viel klarer Raum, ist viel Weite, viel Platz. Individueller Geist befindet sich also im Raum und beinhaltet auch Raum. Und er ist zusammengesetzt – es sind ja viele Gedanken und Gefühle, die uns bewegen.

Gut zu wissen ist, dass es innerhalb unseres individuellen Geistes verschiedene Strukturen gibt, die uns bis zu einem gewissen Grade bestimmen. Je weniger wir über diese Strukturen wissen, desto mehr lenken sie uns. Hier kommen wir dann in die eigenen Systeme, in den Mikrokosmos des eigenen Geistes.

Gewand der gemeinsamen Zukunft

Martin Luther King sagte 1967: „Im Leben hängt alles mit allem zusammen. Alle Menschen sind in ein Netz der Gegenseitigkeit verwoben. Wir sind gekleidet in ein Gewand der gemeinsamen Zukunft. Was auch immer einen direkt betrifft, betrifft indirekt alle… Noch bevor du morgens fertig gefrühstückt hast, bist du bereits von mehr als der halben Welt abhängig. So ist unsere Welt nun einmal strukturiert, so sehen die Wechselbeziehungen aus, die sie ausmachen. Solange wir nicht die grundlegende Tatsache erkennen, dass die Struktur der Wirklichkeit eine Struktur von Wechselbeziehungen ist, wird es auf der Welt keinen Frieden geben.“

Ursache und Wirkung als Geflecht sehen

Folgen Sie oft Gedankengängen wie dem folgenden, der mit der Frage beginnt:

Welche Wirkung geht von einer Handlung aus? Sie füttern zum Beispiel im Winter eine Amsel, diese Amsel überlebt gesund. Sie singt ein wunderschönes Lied im Frühling. Ein anderer Mensch wird von diesem Gesang zutiefst berührt. Er ist an diesem Tag nicht zornig wie so oft, sondern geht froh seinem Tagwerk nach. Sein Angestellter wundert sich und geht zufriedener nach Hause. Meist muss er sonst abends einiges an Alkohol trinken, aber heute ist das nicht nötig. Vielleicht wäre er betrunken Auto gefahren und hätte ein Kind überfahren, wenn der Chef heute auch zornig gewesen wäre. Vielleicht wäre der Chef heute zornig gewesen wie immer, wenn er die Amsel nicht gehört hätte. Vielleicht hätte die Amsel nicht gesungen, wenn Sie sie im Winter nicht gefüttert hätten. Aber Sie haben die Amsel natürlich nicht alleine gefüttert, auch Ihre Nachbarn hatten ein Vogelhäuschen, und nicht nur das Füttern war ursächlich für ihr Singen – auch der Frühling, der Sonnenschein, ihre eigenen Hormone. Und nicht nur das Singen der Amsel war ursächlich für die Fröhlichkeit des Chefs, sondern vielleicht auch ein gutes Wort, das er selbst am Morgen bekam. Und nicht nur die gute Laune des Chefs war ursächlich, dass der Angestellte am Abend nicht trank, sondern auch sein eigener guter Vorsatz. Und dennoch – ohne das Füttern der Amsel... So banal und simpel diese kleine Geschichte ist, so komplex ist das Geflecht von Ursache und Wirkung. Solchen Gedankengängen zu folgen, weitet unseren Geist, schärft unsere Achtsamkeit und lässt uns staunen.

Sich Indras Netz bewusst machen

Ähnlich ist die nächste Übung, die dazu dient, sich die wechselseitige Bezogenheit aller Dinge klarzumachen. Ihr Gedankengang könnte z. B. so verlaufen:

Was ist alles nötig für den Stuhl auf dem Sie gerade sitzen? Dieser Stuhl besteht aus Holz. Ein Baum wuchs dafür irgendwo auf der Erde und wurde gefällt. Damit dieser Baum wachsen konnte, waren Erde, Regen und Sonne notwendige Voraussetzungen. Zwei Menschen, die sich ineinander verliebt haben, zeugten einen begnadeten Tischler, der Ihren Stuhl fabrizierte. Wenn diese beiden Menschen sich nicht verliebt und ein Kind gezeugt hätten, wäre der Stuhl nicht derselbe, wie der, auf dem Sie gerade sitzen. Wenn Sie sich solchen Überlegungen über die Verbundenheit von allem hingeben, kommen Sie sehr schnell zu dem Bewusstsein, dass alles, was jetzt existiert und alles was bis zum Anfang der Welt existierte, notwendig ist, damit Sie hier sitzen können. Und vielleicht erfahren Sie dieselbe Einsicht, die Buddha hatte, als er unter dem Bodhibaum saß, im ersten Morgenlicht ein Blatt dieses Baumes betrachtete und erkannte: „Die Quelle eines Dings sind alle Dinge."

Wir sind Sonne, Erde, Mond und Sterne

Sagen Sie sich laut vor: „Wir sind Erde, Sonne, Mond und Sterne." Singen Sie es, erinnern Sie sich.

Do it yourself

Und hier haben Sie wieder die Möglichkeit selbst zu malen, Ihren Gedanken freien Lauf zu lassen und dabei über die Wirklichkeit der unendlichen Bezogenheit zu staunen:

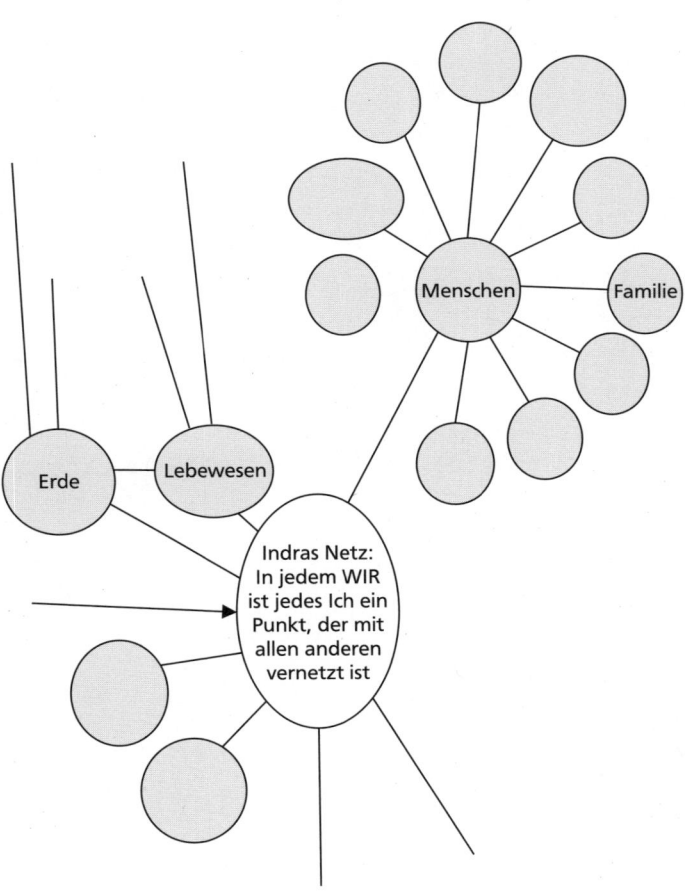

4 Verbindung schaffen, wo Entfremdung herrscht

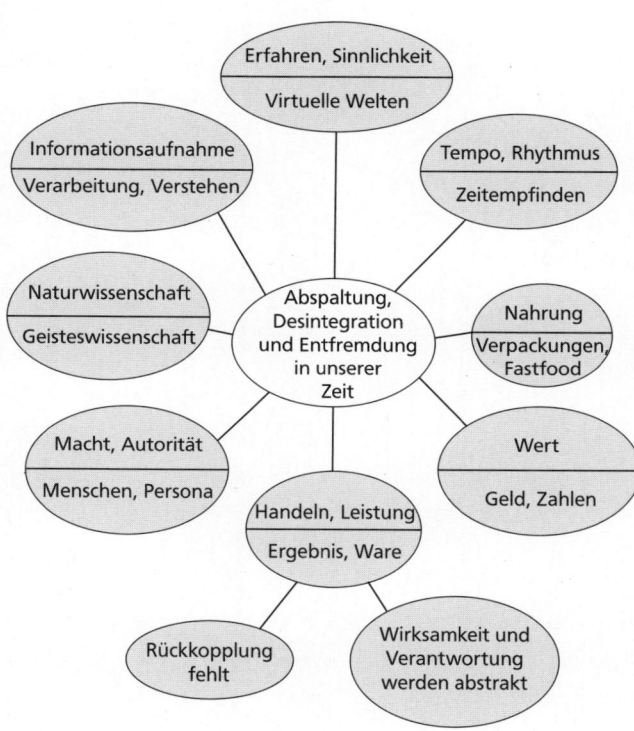

„Ich möchte die Geschichte einer Speise kennen.

Ich möchte wissen, woher die Nahrung kommt.

Ich stelle mir gerne die Hände derer vor, die das,

was ich esse, angebaut, verarbeitet und gekocht

haben. "

(CARLO PETRINI, IN „GUT, SAUBER UND FAIR")

Wir sind sowieso WIR – sind gebettet und getragen in Indras Netz. Und es ist groß und schön und sinnhaft.

Dennoch empfinden und handeln wir Menschen oft nicht dementsprechend. Wir fühlen uns entfremdet, erleben Abspaltung und Desintegration, Leiden und Mangel. Wir grenzen aus, wir schaffen Abtrennungen. Wir missachten die ökologischen Zusammenhänge ebenso wie die soziale Gerechtigkeit, deren beider Beachtung ja aus dem Wissen um Indras Netz und dem Erfahren von WIR folgerichtig wären. Und dazu noch trennen und spalten wir Anteile in uns selbst ab. An all diesen Punkten ist daher eine Verwirklichung der Einsicht im Sinne von Integration notwendig. Integration verstehe ich als das Wieder-Nach-Hause-Holen all dessen, was wir in uns und um uns abgespalten haben. Dieses Integrieren ist eine Herausforderung, die immer wieder Innehalten, Überprüfen und den Blick aus dem Gewahrsein und aus der Liebe erfordert.

Viele Fragen stellen sich mir daher:

Welche Themen stellen sich uns in dieser Zeit aktuell als zu bewältigende Herausforderungen? In welchen Themenbereichen erfahren wir heute besonders stark Entfremdung oder Desintegration? Und wie können wir damit umgehen, wie können wir uns gerade in diesen Bereichen neu beheimaten, neu das WIR entdecken, neue Wege der Verbundenheit finden?

Was spaltet unsere Wahrnehmung ab? Was führt zur Entfremdung? Welche Bereiche in unserem Leben sind sehr anfällig für Dissoziation? Was wirkt auf uns so desintegrierend und spaltend?

Um Antworten auf diese Fragen zu finden betrachte ich unseren Geist und frage: „Was kann zu einer Integration führen, zu Glück und Zufriedenheit?", oder umgekehrt: „Was passiert in unserem Geist, das zu Schmerz, Leiden, Spaltung und Krieg führt?"

Entfremdung bedeutet, dass uns Menschen oder Dinge, die uns eigentlich nah und vertraut sein sollten, fremd werden. Es heißt auch, dass uns Dinge mit denen wir umgehen wollen und umgehen müssen, Angst einflößen. In der Jungsteinzeit war unser Leben viel bedrohter. Bären oder Löwen konnten auftauchen und uns fressen, Nahrungsmittel waren knapp und wir wurden nicht so alt. Heute leben wir in München, Hamburg oder Bielefeld oder sonst wo in einer Umgebung, die nicht so bedrohlich ist. Wir essen, wenn wir Hunger haben, wir drehen die Heizung auf, wenn uns kalt ist und wir nehmen ein Aspirin, wenn wir Kopfschmerzen haben. Und gleichzeitig fühlen wir uns irgendwie nicht zu Hause. Das ist eine eigenartige Entwicklung, als ob es einen stabilen Fremdheits-Koeffizienten in uns gäbe. Es scheint fast so, als ob wir in dem Maße, in dem unser Leben bequemer und heimatlicher wird, wir die Entfremdung künstlich einführen. Woran liegt das? Warum beschäftigen wir uns mit so viel Künstlichkeit und Virtualität und suchen Schönheit, Aufregung und Spannung in Computerspielen und Chatrooms? Warum haben wir trotz Mobiltelefon, E-Mail und Internet viel weniger Kontakt untereinander als jemals zuvor? Warum ziehen wir in Pappschachteln verpacktes Kartoffelpulver der frischen Kartoffel vor? Dieser scheinbare Fortschritt führt uns manchmal immer mehr von uns weg. Das nenne ich Entfremdung. Und ich habe das Gefühl, dass in diesem Prozess der Entfremdung ständig Ersatzstoffe zugeführt werden, vom virtuellen Kontaktaufnehmen über Nahrungsmittelzusatzstoffe bis hin zu oberflächlichen Ersatzveranstaltungen anstatt eigener tiefer Religiosität oder Spiritualität. Niemand macht das mit uns, sondern ein Teil in uns selbst boykottiert uns. Das ist die gute Nachricht, denn deshalb sind wir auch frei all das wieder zu ändern.

Ich glaube, dass es zu jeder Zeit in der Menschheitsgeschichte bestimmte Themen gab und gibt, bei denen die Gefahr der Abspaltung und der Entfremdung am größten ist und die deshalb besondere Aufmerksamkeit brauchen. Ich glaube nicht, dass unsere Zeit besonders schlimm oder besonders gut ist, oder schlimmer oder besser als andere Zeiten. Sie hat einfach wie jede andere Zeit auch ihre besonderen Herausforderungen. Es hilft uns nicht weiter, wenn wir uns jetzt immer noch mit Herausforderungen aufhalten, die wir schon längst gemeistert haben und dabei Aspekte übersehen, die jetzt aktuell sind. Über ein halbes Jahrhundert Frieden in Mitteleuropa, das ist eine solide Leistung, das ist ein echtes Gelingen. Von uns allen. Und zumindest in unserem Kulturkreis haben wir die Entfremdung zwischen Mann und Frau recht gut gemeistert. Hier wurde sehr gute und erfolgreiche Arbeit geleistet. Meiner Ansicht nach stehen sich Frau und Mann in den meisten Bereichen des Lebens schon sehr partnerschaftlich gegenüber. Die Emanzipation finde ich in Mitteleuropa im Wesentlichen gelungen. Aber es wird immer noch sehr viel Energie in diesen Themenkreis gesteckt, obwohl es eigentlich nicht mehr so notwendig wäre. Auch ist uns in großen Teilen die soziale Integration verschiedener Volksgruppen durchaus sehr gut gelungen. Zwar haben wir in unseren Städten nach wie vor soziale Brennpunkte, aber jeder von uns freut sich doch zum Beispiel über türkische Läden, italienische, chinesische, japanische, griechische und französische Restaurants und die kulturelle Bereicherung, die Menschen aus anderen Kulturen mitbringen und unserer Gesellschaft schenken. Das sah vor 50 Jahren noch ganz anders aus. Das sind nur einige Beispiele von vielen.

Wir sollten wirklich anfangen, auch das zu respektieren und wertzuschätzen, was uns gelungen ist. In diesem Respekt vor dem bereits Gelungenen schaffen wir den Boden, uns an die Themen heranzuwagen, die jetzt anstehen und uns jetzt bedrängen und zu einer starken Entfremdung von uns selbst und dem WIR führen.

Nachfolgend möchte ich auf einige Themenbereiche eingehen, bei denen ich einen besonders hohen Bedarf nach Integration oder Neu-Integration wahrnehme:

Informationsflut und -verarbeitung

In der Frühzeit unserer Menschheitsentwicklung war Information rar, und jede Neuigkeit, die wir erfahren konnten, war relevant und unter Umständen sogar überlebenswichtig. Deshalb ist unser Gehirn mit raffinierten Mechanismen ausgestattet, die uns das Lernen erleichtern und uns sogar mit einem Opioid-Kick belohnen, wenn wir eine neue Information entdecken oder aufnehmen. Dieser Mechanismus hat uns sehr weit gebracht und uns über tausende von Jahren sehr geholfen. In der jüngeren Vergangenheit jedoch hat sich die Situation verkehrt. Von der Mitte des 17. Jahrhunderts bis zur Mitte des vergangenen Jahrhunderts verdoppelte sich die Wissensmenge alle 15 Jahre, heute verdoppelt sie sich schon alle acht bis zehn Jahre und die Rate steigt weiter. Der quantitative Informationsgewinn der vergangenen 30 Jahre ist so hoch wie der der gesamten 5.000 Jahre zuvor. So wird das einst ungemein Wertvolle zur Plage, und wir sind entsprechend überfordert. Der durchschnittliche Mitteleuropäer zum Beispiel ist 3.500 Kaufanreizen täglich ausgesetzt. Hinzu kommen Internet, E-Mail, Mobiltelefon und mindestens 100 TV-Programme. Inzwischen sind wir dabei angelangt, dass die Fülle der auf uns einstürmenden Informationen unsere Möglichkeit ihrer Verarbeitung bei weitem übersteigt. Das ist die Folge des exponentiellen Zuwachses an Information; hinzu kommt, dass die steigende Quantität eher zu einer fallenden Qualität führt.

Ein weiterer Instinkt aus der Frühzeit der menschlichen Entwicklung sagt uns: „Wenn du verwirrt bist oder keine Entscheidung treffen kannst, dann musst du mehr Information sammeln." Auch das war über Jahrtausende sinnvoll, wird uns aber jetzt zum

Verhängnis, wenn wir – bereits vernebelt von zu vielen Nachrichten, verwirrt von widersprüchlichen Informationen und bedrängt von der E-Mail-Flut – diesem Instinkt folgen und uns weitere Information zuführen. Das verstärkt dann unsere Verwirrung und Vernebelung nur noch mehr. Es ist so, als ob wir essen und essen und essen würden, aber nicht mehr verdauen könnten und so bei maximaler Nahrungsaufnahme verhungerten.

Wenn ich zum Beispiel nur an die Vielzahl all der neuen Bücher denke, die zu Hause darauf warten, von mir gelesen zu werden, oder die vielen Zeitungsartikel, die ich aufgehoben habe und von denen ich denke, dass ich sie gelesen haben sollte. Die Stapel von wundervollen und informativen E-Mail-Anhängen, die Menschen uns täglich schicken, ganz zu schweigen von den sechs Billionen Geschäfts-Mails, die jährlich verschickt werden plus all dem Spam... Kein Wunder, dass wir unter Geistes-Smog leiden. Nur – wie oben schon geschildert – führt diese Verwirrung durch Geistes-Smog dazu, dass wir nur umso mehr nach Information gieren.

All diese Stapel ungelesener Zeitungen und Mails, all die ungesehenen Filme, und vor allem all die aufgenommenen, aber nicht verarbeiteten Informationen speichert unser Geist automatisch tagtäglich als unerledigt ab. Und so erleben wir nur noch selten einen Tag, an dem wir das Gefühl haben: „Ich habe mein Tagwerk erledigt". Stattdessen kommen jeden Tag noch mehr neue Bücher, spannende Artikel und lesenswerte Mailanhänge dazu, und das Gefühl, wir haben unser Tagwerk wieder *nicht* erledigt, setzt uns mehr und mehr unter Druck.

Ich halte eine solche Informationsüberflutung für ungesund. Ich glaube auch nicht, dass es an unserer Faulheit liegt, dass wir das alles nicht mehr bewältigen, sondern an unserer Überforderung durch diese Flut. Deshalb arbeite ich so gerne im Garten. Da jäte ich ein Beet und sehe am Ende des Tages ein Ergebnis.

Ich kenne Menschen, die ihre Tageszeitung von Wochen in dem Gefühl einer inneren Verpflichtung aufgestapelt haben und sie irgendwann lesen möchten. Existiert diese Verpflichtung wirklich? Ich sehe unsere Verpflichtung eher darin, das Maß an Informationen klug und mit Weisheit festzusetzen, das Maß an Informationen, das ich verarbeiten kann. Lieber bin ich ein wenig uninformiert, aber die Informationen, die ich für mich selektiere, sind sinnvoll und tun mir gut. Weitere Kriterien für das Sortieren der Information sind für mich die Fragen: Ist diese Information relevant für mich? Kann ich sie innerhalb meines Handlungsspielraums verwerten?

Da wir Menschen 100.000 Jahre lang eher unter Informations-Mangel litten und wir erst in den letzten 30 Jahren mit Informationsüberflutung zu kämpfen haben, haben wir keinerlei instinktive Mechanismen in unserem Geist entwickelt, die „Stopp" sagen.

Aber dies zu wissen hilft. Eigentlich hilft an dieser Stelle *nur* Verstehen und Bewusstheit. Die Gier nach Information ist instinktiv, der Stopp-Button braucht Bewusstheit und Lachen. Wann immer es uns gelingt über einen solchen uns in die Irre führenden Instinkt zu lachen, haben wir die Freiheit auch entgegen diesem Instinkt zu handeln im Sinne eines weisen Umgangs mit Information.

Aus – zum Teil berechtigtem – Mangel an Vertrauen glauben wir aber auch, über möglichst vieles Bescheid wissen zu müssen. Wir trauen unserem Bankberater nicht mehr, weil wir befürchten, dass er auf Geheiß von „oben" eine gewisse Anzahl an Bausparverträgen, Lebensversicherungen und Geldanlagen pro Monat verkaufen muss und er uns daher nicht in unserem Sinne berät. Wir trauen unserem Arzt nicht mehr, weil wir befürchten, er rate uns aus finanziellen Gründen zu einer Operation. Wir trauen unserem Steuerberater nicht und verbringen Stunden im Internet, um alles über Steuern selbst zu lernen. Wir versuchen unsere eigene Internetseite selbst zu gestalten, glauben, alle Tätigkeiten vom Hausrenovieren bis zu Computerprogrammen beherrschen zu müssen und überfordern uns damit heillos.

Natürlich sind wir aufgefordert zu überprüfen, wen wir als Berater oder Dienstleister gegenüber haben. Ich vertraue dabei auf meinen gesunden Menschenverstand und auf mein Gefühl. Ich versuche mir zum Beispiel über Empfehlungen gute Fachkräfte zu holen und gleichzeitig dabei selbst gute Menschenkenntnis zu entwickeln. Und diesen Menschen vertraue ich dann.

Werte und Finanzen

Vor langer Zeit erfanden wir das Geld, um den Kauf und Verkauf von Gütern und Werten gegenüber dem früheren Tauschhandel zu vereinfachen. Das war sicher – ähnlich wie die Nutzbarmachung des Feuers oder die Entwicklung des Ackerbaus – ein Meilenstein in der Entwicklung menschlicher Kultur. Über mehrere tausend Jahre blieb dabei der gedankliche und reelle Zusammenhang zwischen Geld und dem Wert, den es repräsentiert, präsent und sogar fühlbar – denn Geld war Münze, war Metall mit entsprechendem Gewicht, betastbar und damit begreifbar für unseren Geist. Im Laufe der Zeit jedoch wurde Geld – und in den letzten Jahren immer schneller – mehr und mehr zu etwas Abstraktem. Es wandelte sich vom begreifbaren Wert zu einer immer unverständlicheren Idee. Münzen wandelten sich in Papier, dem zumindest lange Zeit noch staatliche Goldreserven entsprachen, wandelte sich in Plastikkärtchen. Beteiligungen an wirtschaftlichen Betrieben mit entsprechender Verantwortung wandelten sich in Aktien, bis hin zu Papieren, die ohne jede reelle Beteiligung an irgendetwas lediglich auf die Wertsteigerung anderer Papiere setzen. Es werden Geschäfte getätigt, die keinen Bezug zu einer wirtschaftlichen Realität mehr haben, bei denen weder Dienstleistung noch Waren bewegt werden. Hier sind wir mitten in der Illusion angekommen – auch der Illusion, es könnte Gewinne geben ohne tatsächliche Werte. So entfremdete sich der menschliche Geist von seiner ursprünglich genialen Erfindung des Geldes. Und damit entfremdeten wir uns gleichzeitig von Wert. Diese Entfremdung und Abstraktion überfordert das Bewusstsein der meisten Menschen. Das der Anleger und Verbraucher oft ganz sicher, aber offensichtlich auch das einiger Manager, die selbst zugeben müssen, mit Dingen umgegangen zu sein, die sie nicht verstanden. Und so etwas ist immer gefährlich. Hier fehlt eindeutig Verstehen, Einsicht und Bewusstheit um die Bezogenheit der Dinge.

Und es fehlt vielerorts eine Kultur der Ethik und der Motivationsklärung in der Wirtschaft. Ich fragte einmal einen erfolgreichen Firmeninhaber, welche Ethik seine Kollegen bestimme. Betrübt antwortete er: „Die einzige durchgängige Ethik in der Führungsriege der Wirtschaft ist die Gewinnmaximierung."

Ich bin daher überzeugt, dass Meditation und Schulung in Einsicht und Verantwortlichkeit für Menschen, die beruflich mit Geld arbeiten, sehr wichtig wären – sowohl für sie selbst zur Entdeckung von Werten, als auch für die Klugheit ihrer Entscheidungen, die uns alle betreffen.

Auf der anderen Seite beobachte ich schon lange, dass viele Menschen, die auf dem spirituellen Weg sind, Berührungsängste, Scheu oder sogar Ablehnung gegenüber wirtschaftlichen Belangen haben. Hier wird leider Meditation und spirituelle Bemühung zu oft zu einer Flucht oder Zuflucht vor der Welt missbraucht. Es fehlt die Brücke zwischen dem religiösen, spirituellen Leben und der Alltagswelt inklusive Wirtschaft, Politik, sozialen und ökologischen Belangen. Auch hier entstehen Entfremdung und Spaltung des Geistes. Meine Aufforderung an spirituelle Menschen ist daher: Lasst die Welt in eure Einsicht, in eure Meditation, in euer Mitgefühl ein! Und meine Aufforderung an die Wirtschafts-Menschen: Geht über die Illusion hinaus, geht in Richtung einer postillusorischen Geldwirtschaft! Und meine Aufforderung an alle Menschen ist: Lasst Meditation, Einsicht, Mitgefühl, Ethik und Verantwortlichkeit in euer Tun und Handeln, in euer Denken und eure beruflichen Aktivitäten und Entscheidungen einfließen! „Denn Form ist Leerheit und Leerheit ist Form. Weder ist Form verschieden von Leerheit, noch Leerheit verschieden von Form." Und Erleuchtung ist nicht zu trennen von Verwirklichung und Integration im realen Leben. Oder, auf westliche Art formuliert: Gott ist nicht zu trennen von Schöpfung und Welt, und Welt ist nicht zu trennen von Gott.

In der derzeitigen globalen Wirtschaftskrise spiegelt sich unser Leiden an dieser Entfremdung in Bezug auf Werte. Ich kann mich noch an das befriedigende Gefühl erinnern, nach Erhalt meines Lohnes Geldhäufchen auf dem Tisch zu stapeln und zu wissen, dieses Häufchen ist fürs Essen, jenes für die Miete und dies da spare ich für den Urlaub. Ich konnte das Geld anfassen und wusste dadurch genau, wie viel ich habe. Die gleiche Befriedigung habe ich niemals empfunden, wenn ich im Internet meine Kontoauszüge herunterlade oder Excel-Listen anlege, um Ausgaben zu planen. Deshalb verschätzen sich auch viele Menschen und glauben, dass sie viel mehr Geld zur Verfügung haben, als es tatsächlich der Fall ist. In dem Moment, in dem ich um diese Zusammenhänge weiß, kann ich die Kreditkarte beiseite legen oder nicht verwenden, sondern bar zahlen, weil ich dadurch immer ein unmittelbareres Verhältnis zum Geld selbst habe. Diese Entfremdung von Wert verführt uns auch dazu, alles auf Raten zu kaufen und morgen zu zahlen. Dann brauchen wir natürlich Wirtschaftswachstum, damit das geht, und fliegen unweigerlich auf die Nase.

Ich verwende gerne den Begriff des zweifelsfreien Raums. Wir alle wollen uns weiterentwickeln, und aus diesem Grund probieren wir immer wieder Neues aus. Natürlich können wir im Probieren auch scheitern. Der nächste Schritt wäre dann, es neu, aber eventuell anders zu versuchen. Dafür müssen wir aber zurück auf den gelungenen Boden, in den Raum, in dem wir uns auskennen. Ich glaube, wir müssen wieder zurückrudern, wieder konservativer denken und handeln: Erst sparen und dann kaufen. Nicht mehr ausgeben, als wir besitzen. Eine solche Herangehensweise hat viele Vorteile, weil wir die Situation aus dem zweifelsfreien Raum betrachten können, und ohne Druck und ohne uns deshalb schlecht zu fühlen, sondern in einer ganz natürlichen Bewegung handeln können. Es ist ein bisschen wie beim Kampfsport: Hier kann es auch immer einmal passieren, dass ich aus meinem Gleichgewicht falle. Bevor ich aber wieder in den Kampf gehe, muss ich erst wieder mein Gleichgewicht finden, mein Hara spüren, das Chi spüren, und erst dann kann ich wieder in die Offensive gehen.

Das gilt im Kleinen wie im Großen. Letztendlich werden wir immer wieder aufgefordert, die Entfremdung aufzuheben, und müssen uns dazu zunächst auf das konzentrieren, was funktioniert. Und das bedeutet in Bezug auf Finanzen nicht mehr ausgeben als wir haben. Wenn wir zum Beispiel durch Kreditkarten verführt werden, mehr zu kaufen als wir am Ende bezahlen können, sollten wir die Kreditkarte wegwerfen und bar bezahlen. Für viele Menschen ist es sehr schwer, einen Bezug zwischen einem realen Wert und diesem kleinen Plastikkärtchen herzustellen. Was ist das Produkt, das ich kaufen will, wirklich wert? Wenn ich nur eine kleine Plastikkarte hergebe, die ja in sich wertlos ist, kann ich den wahren Wert eines Produkts nicht wirklich erfassen. Hinzu kommt, dass ich auch erst einen Monat später auf einem Kontoauszug sehe, was es gekostet hat.

Früher gab es Truhen, in denen man seinen Reichtum aufbewahrte. Ganz oben war ein Extra-Kästchen angebracht, in das man sein Erspartes legte. Das war die sogenannte hohe Kante. Den Boden der Truhe nannte man Hund, da oft ein Hund darauf gemalt war. Wenn ich alles ausgegeben und meine wertvollen Dinge bereits verkauft habe, dann komme ich auf den Hund. Wenn ich eine solche Truhe besitze, dann ist es sehr übersichtlich und offensichtlich zu sehen, wie viel auf der hohen Kante liegt oder wann ich auf den Hund komme. Ich halte es für eine Überforderung für uns alle, immer einen Transfer machen zu müssen zwischen dem, was wir auf dem Kontoauszug am Computer sehen und dem, was wir an einer Truhe ermessen konnten. Ich glaube, dass viele Menschen an diesem Punkt unbewusst aussteigen. Meine ganz praktische Empfehlung dazu ist: Kreditkarte weg, Ratenzahlungen weg und bar zahlen und Eichhörnchennester anlegen. Eichhörnchennester sind z.B. die kleinen Schächtelchen oder Schubladenecken, in denen man hier und da ein paar Münzen oder wenige Geldscheine aufbewahrt. Das sind keine großen Beträge, aber es tut unserem uralten Instinkt gut zu wissen, dass immer noch irgendwo ein Depot ist, wovon ich mal eine Woche einkaufen kann, essen gehen kann etc. Ich will damit keine Illusion von Sicherheit vermitteln, die gibt es nicht, aber wir können uns in unserem menschlichen Rahmen unsere menschliche Ökonomie schaffen.

Ich selbst schlage mich natürlich auch mit all diesen Themen herum. Ich habe mich nie aus dem „weltlichen" Leben zurückgezogen, denn ich finde es spannend und notwendig für unsere Zeit heute, zu versuchen so gut es gelingt die verschiedenen Aspekte der Weisheit und jede tiefe Einsicht, die mir geschenkt wurde, in mein eigenes Leben möglichst gut zu verweben. Und sobald ich versuche, dies zu tun, werde ich mit vielen menschlichen Aspekten konfrontiert. Ich kann und will mich nicht auf spirituelles Erfahren zurückziehen, sondern ich erfahre mich gerade dann immer wieder als Mensch, wenn es um Integration geht. Spätestens wenn ich am Monatsende nachdenke, wie ich all meine Fixkosten bezahlt kriege, kann ich mich nicht in die Ecke setzen und meditieren, sondern muss etwas unternehmen. Was ich aber machen kann ist zu versuchen, diese Integration im Geiste der Buddhaschaft vorzunehmen. Und an diesem Punkt wird Spiritualität ja erst richtig interessant.

Als Bürger eines mitteleuropäischen Staates stelle ich mir so manche grundsätzliche Frage, die ich nicht selbst beantworten kann. Ich stelle sie also an die Experten für Wirtschaft und Politik: „Wie soll unser System in Zukunft funktionieren?" „Kann unser Geldsystem noch auf diese Art funktionieren?" „Gibt es Alternativen?" „Ist es noch korrekt, nur das Arbeiten zu entlohnen und zu besteuern, wenn wir immer mehr Maschinen unsere Arbeit verrichten lassen?" „Gibt es alternative Wirtschaftsmodelle, die einen moderaten Wohlstand ermöglichen ohne das Konzept des Wachstums?" Da stehen wir noch ganz am Anfang. Ich glaube, dass es gut wäre, wenn viele Menschen diese Fragen stellen und damit die Wissenschaftler anregen zu diesen Themen zu arbeiten.

Handeln und Ergebnis

Ich habe jetzt die ganze Zeit über den Konsum gesprochen, aber auf der anderen Seite sind wir ja auch Menschen, die Waren produzieren oder Dienstleistungen erbringen. Und da befinde ich mich gemeinsam mit einigen anderen Menschen in einer sehr privilegierten Situation. Sowohl in meiner Tätigkeit als Ärztin als auch als spirituelle Lehrerin kann ich das Ergebnis meiner Tätigkeit sofort oder bald sehen. Ich sehe schnell, ob der Mensch gesund wird oder nicht, oder ob der Mensch weiser wird oder nicht.

Aber die meisten Menschen haben dieses Erfahren in ihrem Berufsleben nicht mehr. Sie sind beteiligt an einem Bruchstück eines langen Prozesses und sind abgetrennt von dem Ergebnis. Eine natürliche Rückkopplung fehlt und auch eine natürliche Befriedigung über das, was man wirklich geschaffen hat. Und Begriffe wie Wirksamkeit und Verantwortung werden dann sehr abstrakt.

Sehr viele Menschen arbeiten in Jobs, bei denen das Ergebnis ihrer Arbeit hinter ihrem Horizont verschwindet. Wenn ich zum Beispiel bei Kunstlicht in Fabriken oder am Fließband eines Autoherstellers arbeite, sehe ich vielleicht ab und zu Fahrzeuge auf der Straße, bei denen ich die Sonnenblenden eingebaut habe. Vielleicht freue ich mich sogar darüber. Aber ich glaube, dass es bei einer solchen Tätigkeit viel schwieriger ist, den Bezug zum Ergebnis meines Handelns zu halten. Das liegt an unseren modernen Arbeitsprozessen. Geht dadurch auch das WIR, das Gefühl der Verbundenheit verloren? Ich befürchte ja: Wenn ich nur mit einem herausgelösten Teil eines Prozesses zu tun habe, fällt es mir schwer, die Wirkungen und Verbindungen des ganzen Herstellungsprozesses wahrzunehmen. Hier kommen wir auch wieder an dieses Gefühl heran, nie fertig zu werden. Wir sehen ja immer nur diesen einen kleinen Teil unserer Arbeit, stellen aber selbst nie ein ganzes Auto von vorne bis hinten fertig. Es fehlt das Gefühl der Befriedigung, wenn ich mein Werk nicht betrachten kann. Und es fehlt die Rückkopplung vom Kunden, der zum Beispiel sagt: „Sie sind mein Lieblingsmechaniker." Wenn ein Mensch unter solchen Bedingungen arbeitet, muss er wahrscheinlich sehr viel kompensieren, um ein Gefühl der Befriedigung zu erreichen. So wird er Dinge und Unterhaltung konsumieren, um ein bisschen von dieser Befriedigung zu erhalten, die er normalerweise über seine Arbeit erhalten sollte.

Aber wir können die Zeit und die Entwicklung nicht zurückdrehen. Unsere Arbeitsprozesse sind nun mal so aufgespalten. Und es wird kein einzelner Mensch mehr ein Auto zusammenbauen. Das Einzige, was wir machen können, ist unseren Fokus zu ändern und somit, wenn wir einen Teil des Autos zu montieren haben, gelegentlich ans Ganze zu denken und sich schon währenddessen vorzustellen, dass bald eine nette Familie damit fahren und viel Freude an dem Auto haben wird, an dem wir mitgearbeitet haben.

Als ähnlich schwierig stelle ich es mir vor, ein Gefühl von Befriedigung oder Vollendung zu erfahren, wenn man den ganzen Tag in einem Büro sitzt und Papiere bearbeiten muss, die immer nur einen kleinen Teil eines gesamten Prozesses betreffen. Ich kann mir denken, dass man dann sehr leicht den Sinn für das Ganze verliert. Aber vielleicht kann man auch hier seine Sichtweise zum WIR hin verändern und den Kontakt halten zum Inhalt oder zum Sinn seiner Arbeit, die ja letztendlich immer dem Wohl aller und damit dem WIR dienen sollte.

Wenn wir in unserer Arbeit keine Beziehung mehr aufbauen können zu dem WIR, wenn wir keinen Begriff und keinen Bezug mehr zu der Ware, zum Produzenten, zum Käufer haben, macht uns das Ganze auf einer gewissen Ebene unzufrieden und führt zur Entfremdung. Durch diese Art der Entfremdung brauchen wir sehr viel Kompensation. Hier kann man nicht dem Einzelnen die Schuld geben. Ich stelle es mir wirklich sehr schwierig vor, zum Beispiel als Verkäuferin in einem Supermarkt zufrieden zu sein, wenn ich den ganzen Tag Dinge über den Scanner schiebe und keine Beziehung mehr zu der Ware habe, weil ich oft gar nicht mehr weiß, was ich da scanne. Wenn ich Glück habe, habe ich persönlichen Kontakt zu ein paar Kunden. In einer solchen Situation müssen wir zwangsläufig viel kompensieren: mit Musik, mit Kleidung, mit Essen.

Wir können nicht zurück. Es geht immer nur vorwärts. Und deshalb müssen und werden wir auch neue Wege finden, wie wir die Menschlichkeit in neuer Form auch in die Arbeitswelt zurückbringen. Auch wenn diese Zeiten schwierig sind und so mancher Zukunftsforscher doch sehr pessimistisch ist, so glaube ich persönlich, dass wir allen Grund zur Zuversicht haben, wenn wir auf unsere lange Menschheitsgeschichte zurückblicken und bedenken, wie viele kritische Situationen wir kreativ meistern konnten. Und manchmal ist es sogar so, dass wir erst mitten in einer Krise den Impuls zu tiefem Umdenken und neuer Entwicklung finden. Hölderlin sagt: „Wo aber Gefahr ist, wächst das Rettende auch."

Sinnliches Erfahren und virtuelle Welten

Vielleicht hat es auch mit unseren informationsgierigen Steinzeitprogrammen im Hirn zu tun, dass wir so oft der Versuchung erliegen virtuelle Erfahrung der sinnlichen Erfahrung vorzuziehen. Wie oft sitzen wir vor dem Fernseher, wenn wir doch auch im Garten, auf dem Balkon oder im Park sitzen könnten und dort echte Vögel hören würden? Wie oft surfen wir im Internet, wenn wir auch mit einem realen Menschen sprechen oder kuscheln könnten? Wie oft lässt uns der Computer nicht los und zwischen den Fingern zerrinnt uns die Zeit, die wir eigentlich zu unserer Erholung verwenden wollten? Von wie vielen Dingen haben wir gelesen, haben sie im Internet erkundet oder im Fernsehen gesehen, ohne sie jemals selbst zu erfahren? Selbst in unsere intimste Sphäre ist die Virtualität eingedrungen. Wie oft wird virtueller Sex dem echten vorgezogen? Hier gibt es ja eine große Diskrepanz zwischen einer extremen anonymen Offenheit im Internet, weil man sich eben nicht kennt, und der Verklemmtheit, Schüchternheit im wirklichen Leben. Hier leben Menschen etwas virtuell aus, was sie im Leben nie wagen würden. Das ist die moderne Version von Dr. Jekyll und Mr. Hyde.

Ohne es bewusst zu realisieren, sind wir einer enormen Entfremdung zwischen unserem sinnlichen Erfahren und den virtuellen Welten ausgesetzt. Wir stehen an diesem Punkt Phänomenen gegenüber, mit denen wir lernen müssen umzugehen, weil sie wirklich neu sind. Unser Steinzeitgehirn muss lernen, mit den virtuellen Welten umzugehen. Es muss lernen die Faszination der zweidimensionalen Bilder erst mal bewusst wahrzunehmen. Denn nur wenn wir die Faszination als Phänomen wahrnehmen, haben wir die Möglichkeit eine freie Entscheidung zu treffen. Erst dann können wir sagen: „Ja, ich will jetzt wirklich im Netz surfen." Oder: „Nein, ich will lieber einen Spaziergang machen." Das heißt: Auch hier ist das Verstehen der Faszination und die Bewusstheit der erste Schritt um verantwortlich und weise mit unseren neuen Möglichkeiten der virtuellen Welt umzugehen anstatt ein hilfloses Opfer ihrer Faszination zu werden.

Dazu wird es notwendig sein, dass wir uns immer wieder dem Schmerz der Entfremdung stellen und uns mit ihm auseinandersetzen, um uns dann dem Thema neu annähern zu können.

Vor einiger Zeit wurde Computersucht als eine Sucht diagnostiziert, die bei immer mehr Jugendlichen zunimmt. Ich kenne aber auch viele Erwachsene, die sehr viel Zeit vor dem PC und im Internet verbringen. Aber festzustellen ist, dass die vielen virtuellen Kontakte, die wir haben, nicht dazu führten, dass wir uns in unseren Beziehungen bezogener fühlen. Ein Abend mit meinem Mann oder mit guten Freunden nährt mich, das schafft ein Abend mit E-Mails nicht.

Wir müssen gar nicht wissen, woher dieser Sog kommt, sondern viel eher, wie wir damit umgehen. Um Entfremdung aufzuheben, halte ich die Stärkung unserer Fähigkeit zu sinnlicher Wahrnehmung für den Königsweg. Insbesondere Tasten, Riechen und Schmecken bringen uns dem Leben nahe und erlauben uns sehr konkret WIR zu sein. Der Berg, den ich im Fernsehen sehe, bleibt fern und virtuell. Der Fels, den ich besteige und mit meinen Händen berühre, und den ich riechen kann, wenn er nass ist, der ist mir nahe und wird mir vertraut.

Der Mensch, über den ich einen Bericht lese oder höre oder sehe, mag mich mit seinem Schicksal berühren, aber er bleibt mir immer fremder als der Mensch, dem ich von Angesicht zu Angesicht begegne, den ich riechen und mit meinen Händen berühren kann.

Und die Fähigkeit zu sinnlicher Wahrnehmung ist eine wichtige Grundlage um Qualität – auch z.B. die Qualität von Waren, die wir erwerben wollen – zu erkennen.

Propaganda – Nachfrage schaffen – ein neuer Mythos

Propaganda im Sinne von Public Relations (PR) und Werbung ist ein modernes Phänomen. Im ursprünglichen Sinne bedeutete Propaganda, dass bestimmte Werte künstlich mit Gütern verknüpft werden. Dabei wird eine Verknüpfung in unserem Geist geschaffen, die mit der Sache eigentlich gar nichts zu tun hat, wie zum Beispiel bei der alten Werbung für Carokaffee. Erinnern Sie sich? Eine glückliche Familie hält Picknick unter einem großen Baum und rundherum wogen die Weizenfelder im Wind. Die beabsichtigte Verknüpfung ist: Wenn ich den Kaffee kaufe, kaufe ich die glückliche Familie, kaufe ich einen wunderschönen Sommertag.

Dass man in Form von Werbung auf seine Waren aufmerksam machte, gab es wohl schon immer im Verlauf der menschlichen Geschichte. Es wurden bei römischen Ausgrabungen Schrifttafeln gefunden, auf denen Händler ihre Waren anpreisen.

Aber etwa vor 100 Jahren ist ein neues Phänomen aufgetreten, das eng mit der Entdeckung der Psychoanalyse in Zusammenhang steht: Sigmund Freud forschte über sehr tiefe Zusammenhänge in unserem Geist auf der unterbewussten Ebene. Ein Neffe von ihm, Edward L. Bernays, der in New York lebte, benutzte die Ideen seines Onkels für die Werbung. Es passierte etwas vollkommen Neues. Plötzlich hieß es nicht mehr einfach: Kaufen Sie XYZ, dann wird Ihre Wäsche sauber. Sondern die Botschaft hieß jetzt: Kaufen Sie XYZ, dann wird Ihr Gewissen rein! Eine solche Verknüpfung macht einen riesigen Unterschied. Das ist der Unterschied zwischen einfacher Werbung und Propaganda. Werbung gezielt mit einem psychologischen Unterbau einzusetzen, war eine vollkommen neue Strategie und ist ein sehr junges Phänomen in unserer Kultur. Bernays arbeitete mit seinen neuen Methoden für Politik, Geschäftswelt und auch sehr viel für wohltätige Organisationen.

Aber er bewirkte zum Beispiel unter anderem, dass Frauen anfingen zu rauchen. Er verknüpfte die Idee der Emanzipation mit Rauchen, indem er den Slogan „the torch of freedom" einführte. Und es hat funktioniert. Warum ich dies hier erwähne? Ich finde es wichtig, dass wir uns dieser Verknüpfungsmechanismen bewusst sind. Wenn wir einen Werbespot sehen, sollten wir uns diesen Mechanismus bewusst machen. Sobald wir wissen, welcher innere Knopf da gerade gedrückt wird, welcher Wert in uns angesprochen ist, können wir lachen und wir werden der unbewussten Beeinflussung nicht erliegen. Wir bekommen tagtäglich so viele Verhaltens- und Kaufaufforderungen. Wenn wir uns klarmachen, welche Methoden hier wirksam angewendet werden, können wir mit all den Angeboten anders umgehen und gehen der Werbewirtschaft nicht mehr so schnell an die Angel. Wir können dann eher darüber schmunzeln, wenn ein guter Wert in uns angesprochen wird, wir aber Zahnpasta kaufen sollen. Ich glaube, dass gerade dann, wenn wir über uns schmunzeln, wenn wir bemerken, dass wir im Begriff sind, auf den Verknüpfungsversuch von

Erdbeermarmelade und einer glücklichen Ehe reinzufallen, der Bann gebrochen ist.

Nach dem Ersten Weltkrieg sorgten sich Unternehmer in Amerika, dass sie ihre Waren nicht mehr in ausreichendem Maße verkaufen könnten, da eine Sättigung der Bevölkerung mit dem Notwendigen erreicht war. Paul Maser, ein damals einflussreicher Banker an der Wall-Street, postulierte daraufhin: „We must shift America from a need-culture to a desire-culture." Das gelang mit Hilfe der modernen Propaganda-Methoden Edward Bernays'. Und gelang wenig später auch in Europa.

Ich erwähne diese bewussten Manipulationsversuche auch deshalb, weil ich durchaus etwas dagegen habe, wenn jemand unlauter in meinen Geist eingreift, neue falsche Verknüpfungen erschafft und ich hinterher viel Arbeit damit habe, diese Verknüpfungen wieder aufzulösen, wie zum Beispiel die Verbindung zwischen Emanzipation und Tabakgenuss, Erdbeermarmelade und einer glücklichen Ehe, Weichspüler und gutem Gewissen. Bernays hat übrigens auch das beliebte Frühstück Bacon and Eggs erfunden. Ein Großfabrikant von Schinken hatte ihn engagiert, um seinen Schinkenverkauf anzukurbeln. Bernays erfand daraufhin eine neue Frühstückskultur für Amerika: Bacon and Eggs. Später arbeitete er auch für Präsidenten – und deren Gegner. 1933 wählten die Amerikaner Roosevelt, der die instabile Wirtschaft stützen wollte. Mit seinem Aufbauprogramm, dem so genannten New Deal, schaffte er Sozialreformen und kurbelte die danniederliegende Binnenwirtschaft an. Dabei setzte er einer ausufernden Wirtschaft Grenzen, indem er zum Beispiel das Streikrecht und eine staatliche Überwachung der Börsen einführte. Die Unternehmer sagten Roosevelt daraufhin offen den Kampf an, und für ihren Propagandafeldzug holten sie sich E. Bernays. Das Motto, das er für sie erfand, lautete: „Eine freie Privatwirtschaft ist untrennbarer Bestandteil einer freien Demokratie." Kommt Ihnen das bekannt vor? Dieser Glaubensgrundsatz unserer Wirtschaft ist also nicht das Forschungsergebnis von Ökonomen, sondern der von einem PR-Fachmann erfundene Slogan.

Und eine weitere Ironie des Schicksals: Josef Goebbels benutzte Bernays' 1928 erschienenes Buch „Propaganda", um die anti-jüdische Propaganda in Deutschland aufzubauen. Dieses Buch beginnt mit den Sätzen: „Die bewusste und intelligente Manipulation der organisierten Gewohnheiten und Meinungen der Massen ist ein wichtiges Element in der demokratischen Gesellschaft. Wer die ungesehenen Gesellschaftsmechanismen manipuliert, bildet eine unsichtbare Regierung, welche die wahre Herrschermacht unseres Landes ist. Wir werden regiert, unser Verstand geformt, unsere Geschmäcker gebildet, unsere Ideen größtenteils von Männern suggeriert, von denen wir nie gehört haben. Dies ist ein logisches Ergebnis der Art wie unsere demokratische Gesellschaft organisiert ist."[2]

Ist es nicht erstaunlich? E. Bernays hat unsere Welt und unser Denken mindestens ebenso stark beeinflusst wie sein berühmter Onkel Sigmund Freud. Doch bezeichnenderweise kennt kaum jemand seinen Namen.

Naturwissenschaften und Geisteswissenschaft

Heutzutage werden an unseren Universitäten die Studiengänge strikt zwischen Naturwissenschaften und Geisteswissenschaften unterschieden. Meine Eltern aber noch, die beide Naturwissenschaftler waren, mussten zu Beginn ihres Studiums ein kleines „Studium Generale" absolvieren, in dem sie Vorlesungen in Philosophie, Geschichte und anderen Geisteswissenschaften hörten. Sicherlich wäre es sehr sinnvoll, wenn Naturwissenschaftler heute auch wieder Grundkenntnisse in den Geisteswissenschaften erwerben

---

[2] Edward Bernays, Propaganda, deutsche Ausgabe: 2007, Orange Press

würden, und umgekehrt. Fachübergreifende Konferenzen, in denen wir mögliche Antworten auf uns betreffende ungelöste Fragen diskutieren könnten, gibt es kaum noch. Wegweisend sind für mich die Mind and Life-Konferenzen, die seit 1987 unter Mitwirkung Seiner Heiligkeit des Dalai Lama regelmäßig stattfinden. Die Idee dafür geht auf den Neurowissenschaftler Francisco Varela, den Geschäftsmann Adam Engle und S.H. den Dalai Lama zurück.

Lebensqualität, Nahrung und Zeit

Wenn ich mich in einem Supermarkt umsehe, frage ich mich verwundert: „Wo bekomme ich hier etwas zu essen?" Ich sehe fast ausschließlich Pappschachteln und Plastiktüten mit bunten Bildchen drauf. Dadurch stellen sich uns Menschen völlig neue Herausforderungen. Jahrtausendelang hatten wir es mit betastbaren und riechbaren Dingen zu tun, wenn wir Nahrung fanden. Und nun sollen wir uns an gedruckten Angaben auf einer Schachtel orientieren, um zu wissen, worauf wir Appetit haben oder was unser Körper an Nahrung braucht. Wir riechen nicht mehr, was wir kaufen, und wir müssen uns vorstellen, wie es schmecken wird, wenn wir es in der Mikrowelle zubereiten. Anders ist es noch bei dem Gemüsehändler um die Ecke. Da kann ich das Obst und Gemüse sehen und riechen und darf es vielleicht sogar anfassen. In einem kleinen Bioladen wurde ich allerdings einmal von einem anderen Kunden beschimpft, weil ich einen Pfirsich vorsichtig und behutsam aus der Steige nahm und an ihm roch, bevor ich ihn kaufte. Dieser Kunde fand es unappetitlich, dass ein anderer Mensch einen Pfirsich berührte, den er eventuell kaufen wollte. Ob ihm wohl bewusst war, dass jeder Pfirsich auf seinem Weg vom Baum zum Konsumenten von vielen Händen berührt wird – beim Ernten, beim Verpacken? Ich finde, wir sollten darauf bestehen, Pfirsiche riechen zu dürfen, bevor wir sie kaufen. Und wir sollten auch auf Nahrung bestehen, die wir anfassen können. Außerdem sind fast alle Lebensmittel in den bunten Pappschachteln und Plastiktüten mit Geschmacksverstärkern aufgepeppt.

Wenn wir hier mehr auf unserem Recht bestehen, könnten wir auf jeden Fall etwas ändern.

Eine weitere Entfremdung von dem was uns nährt, geschieht dadurch, dass wir zu jeder Jahreszeit Lebensmittel aus aller Welt essen. Häufig weiß der Konsument gar nicht mehr zu welcher Jahreszeit Birnen oder Erdbeeren bei uns reif sind, oder welche Obst- und Gemüsesorten bei uns heimisch sind. Früher konnte man auch nur die Fische kaufen, die gerade im See oder Bach in der Nähe gefangen wurden. Wenn nichts gefangen wurde, gab es auch keinen Fisch. Heute können wir im Supermarkt alle nur erdenklichen Fische kaufen. Als Folge davon wurden die Meere völlig überfischt. Jetzt müssen wir mit dieser Tatsache sehr achtsam umgehen. Greenpeace veröffentlicht Listen, in denen die gefährdeten Fische aufgeführt sind. Wenn wir uns soweit möglich nach diesen Listen richten, dann ist uns und den Fischen schon ein wenig geholfen. Wir müssen dabei nicht extrem werden und etwa gar keinen Fisch mehr essen, weil dies sonst irgendwann wieder umschlägt und wir uns den Bauch mit Fischen vollschlagen. Außerdem: Fisch schmeckt am Meer sowieso viel besser als nach einem Transport ins Landesinnere.

Durch unsere unbewussten und unnatürlichen Essgewohnheiten und den Wunsch alles immer und zu jeder Zeit haben zu müssen gehen wir extrem mit unseren Ressourcen hier auf Erden um. Die riesigen Rinderherden in Südamerika fressen – zum Teil genmanipuliertes – Soja und produzieren entsprechend viel Methan. Viele Südamerikaner selbst haben aber nichts von der Zucht, weil sie sich das Fleisch oftmals nicht leisten können, und das ist nicht gerecht. Und selbst wir hier bekommen ja nicht wirklich gute Steaks, sondern meist auch wieder industriell zu Fertigprodukten verarbeitetes Fleisch. Schade drum. Und gutes frisches Fleisch wiederum ist so teuer, dass es sich auch viele von uns hier nicht leisten können. Aber es geht auch anders: In manchen Gegenden in Bayern zum Beispiel haben sich die Bauern zusammengetan und eigene Qualitätsstandards festgelegt. Ich weiß aus meiner Heimat von einem solchen Projekt. Jeder, der an der Kooperative dieses Tales teilnehmen will, hat strikte Bedingungen und Auflagen zu erfüllen: Keine Kälber dürfen ins Tal importiert, und sie müssen am Ort geschlachtet werden. Sie müssen im Sommer auf den Wiesen geweidet und sollen von im Tal produziertem Futter ernährt werden. Das hat sich in hohem Maße sehr positiv auf die Fleischqualität der Rinder ausgewirkt. Inzwischen haben sich auch die meisten Gastwirtschaften und Hotels dieses Fremdenverkehrsortes der Kooperative angeschlossen und kaufen ihr Rindfleisch ausschließlich bei den heimischen Betrieben. Das Fleisch ist übrigens nicht teurer als im Supermarkt, und es nennt sich nicht Bio und nicht Öko. Anfangs – bis es von höherer Stelle verboten wurde – war in den Metzgereien sogar angeschrieben, von welchem Hof und welcher Kuh das Fleisch stammt, das da als Steak in der Vitrine lag. Ähnlich arbeitet die Initiative „Unser Land" in Oberbayern, die regional vor allem Milchprodukte vermarktet. Und natürlich auch all die Hofläden, die von den Bauern selbst betrieben werden.

Das sind sehr nachahmenswerte Initiativen, die von ganz unten kommen und ideologisch völlig ungefärbt, dafür aber sehr effektiv sind. Das sind einfache Aktionen weg von der Entfremdung hin zum Ursprung im Bereich der Ernährung.

Ich als Ärztin hielte es sowieso für gesünder, wenn wir uns mehr auf unsere heimischen Nahrungsmittel konzentrieren würden. Zu viele exotische Nahrungsmittel belasten unser Immunsystem. Einer der Gründe, warum Allergien zunehmen, besteht für mich darin, dass wir zu viel Verschiedenes, zu viel Exotisches, zu viel Fremdes essen. Was uns die Erde vor unserer Haustüre zu geben vermag, ist uns einfach nicht mehr genug. Dadurch ist unser Immunsystem überfordert, bis ins hohe Alter ständig neue Nahrungsmittel erkennen lernen zu müssen.

Und noch eine weitere Tatsache zeigt hier Entfremdung auf: Uns fehlt der unmittelbare Bezug zu den Produkten. Es ist doch viel schöner, wenn ich weiß, von welchem Baum ein Apfel kommt. Manche Kinder in den Großstädten jedoch können keinen Apfelbaum mehr erkennen. Dabei wachsen Apfelbäume überall in Deutschland. Dass wir einerseits eine Informationsüberflutung erleben und sämtliche Nachrichten der ganzen Welt sofort verfügbar sind, andererseits viele grundlegende Dinge aus unserem nächsten Umfeld nicht kennen, stimmt mich nachdenklich. Da wird es Zeit uns wieder darauf zu besinnen, dass wir eine Perle in Indras Netz sind, und die mir nahen Perlen und ihre Verbindungen zu mir wahrzunehmen und kennenzulernen, zum Beispiel die Apfelbaum-in-Nachbars-Garten-Perle.

Die meisten von uns Mitteleuropäern müssen wesentlich weniger Zeit pro Woche arbeiten um ihren Lebensunterhalt zu verdienen, als das noch vor 100 Jahren der Fall war, und dennoch fühlen wir uns gehetzt, gestresst und rennen in einem Rhythmus durchs Leben, der uns kaum Zeit zum Luftholen lässt. Alles muss sofort geschehen, am besten gestern schon. Alles muss schnell erreicht werden, und das Erreichte verliert schnell wieder seinen Wert. So müssen neue Ziele her – sei es im Beruf oder in der Freizeit. Neben unserem Beruf beherrschen wir noch drei Sportarten und zwei Fremdsprachen, wollen fit sein am Computer und auf dem neuesten Stand der Information. Wir bereisten schon zwei Kontinente und wollen die anderen drei auch noch sehen. So hetzen wir uns selbst durchs Leben und finden kaum Zeit, das zu genießen was wir erreicht haben. Hier können wir die Weisheit einsetzen und uns selbst immer wieder und sehr bewusst fragen, was wir wirklich zu unserer Befriedung brauchen. Genießen ist hier das Patentrezept, und Genießen braucht Zeit.

Kennen Sie zum Beispiel die Initiative Slow Food? Sie stammt ursprünglich aus Italien, genauer gesagt aus dem Wein- und Trüffel-Paradies Piemont – wie könnte es auch anders sein? – und wurde von Carlo Petrini 1989 in Paris gegründet und existiert seit 2002 auch in Deutschland. Von Carlo Petrini, dem Vater dieser Bewegung, stammt das Zitat am Anfang dieses Kapitels. Über sich selbst sagt diese Non-Profit-Organisation: „Es ist eine weltweite Vereinigung von bewussten Genießern und mündigen Konsumenten, die es sich zur Aufgabe gemacht haben, die Kultur des Essens und Trinkens zu pflegen und lebendig zu halten. Sie fördert eine verantwortliche Landwirtschaft und Fischerei, eine artgerechte Viehzucht, das traditionelle Lebensmittelhandwerk und die Bewahrung der regionalen Geschmacksvielfalt. Sie bringt Produzenten, Händler und Verbraucher miteinander in Kontakt, vermittelt Wissen über die Qualität von Nahrungsmitteln und macht so den Ernährungsmarkt transparent."[3]

Genuss, Entschleunigung, Qualitätsbewusstsein sind Werte, die uns helfen freudig uns selbst und unsere Verbundenheit mit der Natur und unseren Mitmenschen wahrzunehmen, zu respektieren und zu leben.

Macht – Freiheit – Ökologie

Viele von uns empfinden eine große Entfremdung zwischen Politik, Staat und uns selbst. Es ist der böse anonyme Staat, der etwas von mir will, oder aber es ist der – anonyme – Staat, von dem ich versuche möglichst viel zu kriegen. Selten berühren uns noch Reden von Politikern, so wie es Barack Obama mit seiner Antrittsrede gelang. Das ist bedauerlich. Ich würde gerne Menschen, die mich berühren, in unser Parlament wählen.

Was ich beim Thema Macht beobachten kann, ist eine Trennung zwischen dem Begriff und dem Wert von Autorität und Macht und den dazugehörigen Menschen. Wir haben keine Machthaber, die wir persönlich verantwortlich machen können, sondern wir haben Strukturen, die die Macht ausüben. Diese Strukturen überleben selbst das Scheitern der an ihnen beteiligten Mächtigen, und das

---

3 entnommen aus www.slowfood.de

macht uns hilflos. Selbst wenn eine Struktur scheitert, übernimmt sofort eine andere Struktur die Macht, ohne dass es für uns je einen direkten Ansprechpartner gäbe.

Klar, der Verbraucher hat viel Macht und kann die berühmte Abstimmung mit dem Einkaufswagen durchführen. Bei einer Biosupermarktkette hat es gut funktioniert: Die Konsumenten und die Lieferanten haben sie boykottiert und damit den Einstieg einer Billigdiscountergruppe verhindert. Aber wer weiß schon im Einzelfall, zu welchem Konzern welche Marke gehört? Da ist unsere Macht als Verbraucher schnell am Ende. Wussten Sie zum Beispiel, dass unter anderem die Tafelwässer San Pellegrino, Perrier und Acqua Panna Nestlé gehören?

Zum Thema Wasser gibt es viel zu berichten. Wasser ist eine für uns lebensnotwendige Ressource, und sie wird immer knapper. Ohne Erdöl können wir überleben, ohne Süßwasser nicht. Wer die Hand auf der Ressource Wasser hat, hat sehr viel Macht. Bis vor nicht allzu langer Zeit lag die Wasserversorgung daher aus gutem Grunde in der Hand des Staates oder der Gemeinden, in demokratischen Ländern also in der Hand des Volkes. Dies hat sich in den letzten Jahren dramatisch verändert. Große Unternehmen und Konzerne haben das Geschäft mit dem Trinkwasser entdeckt. Der Handel mit dem kostbaren Nass gehört zu den lukrativsten Geschäften auf globaler Ebene. Im Jahr 2000 betrug der Umsatz ca. 400 Milliarden Dollar, ca. 40% des Umsatzes des Ölgeschäftes.[4]

Seit 1997 findet alle drei Jahre ein Weltwasserforum statt, dem 300 Vertreter aus Wirtschaft, Ministerien, Wissenschaft, internationalen Finanzeinrichtungen, der UN und lokaler Regierungen angehören. Im Jahr 2000 wurde in Den Haag dabei in der Abschlusserklärung der Zugang zu Wasser als *grundlegendes Bedürfnis* erklärt. Somit ist der Zugang zu Wasser laut Kritikern kein Menschenrecht mehr, sondern eine Handelsware. Beim 5. Welt-

---

4 Quelle: Wasser ist ein öffentliches Gut, Referat von Marianne Hochuli, Erklärung von Bern Internationale Konferenz „The Public Eye on Davos", 21. Januar 2004

wasserforum im Jahr 2009 in Istanbul wurde der Antrag einiger Staaten, Wasser als Menschenrecht zu deklarieren, nicht angenommen.

So geht die Trinkwasserversorgung mehr und mehr an Privatbetriebe über, zum Teil auf dem Wege von Pacht- und Konzessionsverträgen, zum Teil auch durch direkten Verkauf der Wasser- und Klärwerke wie in Großbritannien. Natürlich sind diese Unternehmen und Konzerne auch in den Schwellenländern sehr aktiv – was für uns hier zunächst nur ungute Gefühle hervorruft, wird dort sehr schnell zu einer existentiellen Bedrohung für Familien. Zu den größten Konzernen, die in diesem Geschäft tätig sind, gehören die französischen Konzerne Vivendi und Suez, die deutsche RWE und das Schweizer Unternehmen Nestlé.

Im Folgenden versuche ich Ihnen darzulegen wie Macht sinnvoll und natürlich sein kann.

In meiner schon sehr lange dauernden Beschäftigung mit dem Thema Macht frage ich mich immer wieder, was Macht eigentlich ist. Warum wollen wir Macht? Was nützt Macht? Ist Macht nur böse oder hat sie auch einen Sinn? Um einen Geschmack davon zu bekommen habe ich Canetti, Machiavelli und weitere einschlägige Literatur gelesen. Und wie oft habe ich über den Satz in der Bibel nachgedacht: „Macht euch die Erde untertan." Ich denke, dass es vielen Menschen hier ähnlich geht wie mir und sie sich mit einem umfassenden Verständnis von Macht schwer tun. Das Ergebnis meiner Kontemplationen habe ich in der folgenden Abbildung zusammengefasst und möchte es Ihnen erläutern: (siehe Abb. auf Seite 73)

Rein etymologisch gesehen, entstammt das Wort „Macht" derselben Wurzel wie „machen". Also hat Macht etwas mit „machen" zu tun. Und ich ergänze an dieser Stelle, dass Macht auch das Wissen um die eigene Würde bedeutet. Man kann Macht auch einfach als die Freiheit zu handeln sehen. Die Freiheit zu handeln ist ein

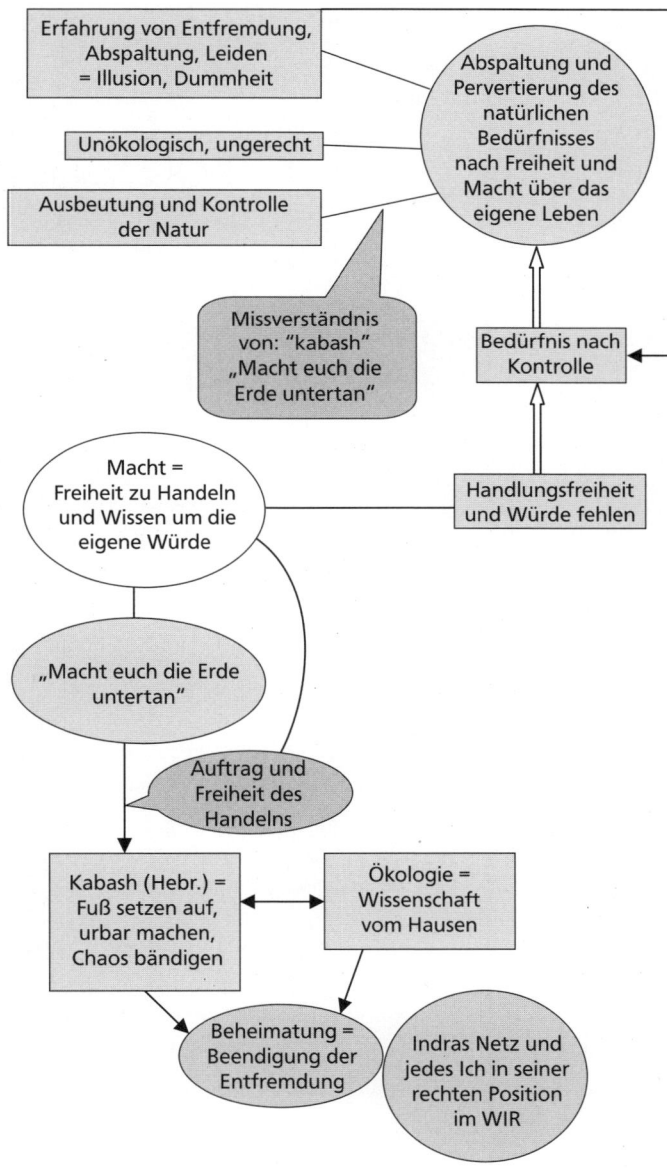

Grundbedürfnis eines jeden Menschen, was natürlich nicht heißt, dass ich alles machen kann, was ich will. Aber prinzipiell möchte doch jeder Mensch bestimmte Handlungsspielräume haben. Das ist ein gesundes Grundbedürfnis.

Wenn ich den Eindruck habe – sei er gerechtfertigt oder nur Projektion –, dass ich diese Handlungsfreiheit nicht habe, dann verwandelt sich dieses Gefühl der Ohnmacht in ein Bedürfnis nach Kontrolle. Ich will die Umstände kontrollieren, will andere Menschen kontrollieren, um auf diese Weise meine Handlungsfreiheit indirekt wieder zurückzuerlangen. Aber dies gelingt natürlich so nicht, weil das ursprünglich sinnvolle und gesunde Bedürfnis nach Handlungsfreiheit und Menschenwürde dabei abgespalten und pervertiert wird. Und plötzlich geht es hier dann nicht mehr um die Macht über das eigene Leben, sondern um die Macht über das Leben der anderen. An dieser Stelle beginnt die Pervertierung, es kommt zur Abspaltung, und in Folge fängt hier auch das Leiden an. Es kommt zu Ausbeutung, Ungerechtigkeit und ökologischen Sünden.

In meiner Auseinandersetzung mit dem Thema Macht habe ich mich auch mit dem Satz: „Macht euch die Erde untertan" aus dem Alten Testament beschäftigt. Dieses „Macht euch die Erde untertan" ist im Kontext dieses Buches sehr wichtig, weil viele Menschen diesen Satz falsch interpretieren und daraus eine Rechtfertigung für unsoziales oder unökologisches Handeln abgeleitet haben. Dabei denke ich jetzt in erster Linie an Menschen aus unserem Kulturkreis, der vom Alten Testament beeinflusst ist, d.h. von den monotheistischen Religionen Islam, Judentum und Christentum. Das im hebräischen Originaltext verwendete Wort, das uns mit Macht übersetzt wurde, lautet „kabash" und wird wörtlich übersetzt mit: „Den Fuß setzen auf; urbar machen; Chaos bändigen". Wenn ich dieses Wort also wörtlich so verstehe, dann sagt Gott da: „Liebe Menschen, setzt euren Fuß auf die Erde, macht sie urbar und bändigt Chaos, wo ihr es findet." Das ist tatsächlich eine Ermächtigung der allerschönsten Art, eine Ermächtigung zu Hause zu sein und zu pfleglichem und ökologischem Handeln. Und es ist ein Auftrag in Freiheit. Aber in unserem Missverstehen ist es stattdessen zur Ausbeutung der Erde und zur Ausbeutung unserer Mitmenschen gekommen. Aber genau betrachtet heißt es: „Ihr habt Handlungsfreiheit, aber Ihr habt auch einen Auftrag!"

Wenn ich den Begriff Ökologie untersuche, so steht er für die „Wissenschaft vom Hausen", denn genau so ist Ökologie wörtlich zu übersetzen. Im Kontext mit *kabash* bedeutet es: Um im Sinne des WIR zu hausen, muss ich meinen Fuß auf die Erde setzen, muss ich die Erde kultivieren, muss ich das Chaos auf der Erde bändigen, genauso wie ich das Chaos in meinem eigenen Zuhause und in meinem Geist bändigen muss. Eigentlich ist dieser Auftrag Gottes an den Menschen, so wie er im Alten Testament formuliert ist, als Auftrag zur Ökologie zu betrachten und nicht als Freibrief für Ausbeutung. Wenn wir uns an die eigentliche Bedeutung dieser Worte halten, gelangen wir inhaltlich auch schnell zur Beheimatung. Wahrscheinlich wollte die Existenz wirklich, dass wir uns auf der Erde beheimatet fühlen, was wir ja auch tun. Dies wurde besonders deutlich, als wir die ersten Bilder der Erde aus dem All sehen konnten. Mit diesen Bildern unserer Heimat hat sich damals im Bewusstsein der Menschen etwas verändert. Durch so eine Änderung des Blickwinkels ändert sich zwangsläufig etwas im Bewusstsein. Wir haben eine neue Chance zu begreifen, wo wir beheimatet sind.

Die Freiheit des Handelns ist im Auftrag Gottes an den Menschen mit inbegriffen. Das zeigt sich in der Geschichte vom Apfelbaum im Paradies, die ich in meinem Buch „Hütet das Feuer" ausführlich behandelt habe. Es ist die Geschichte, in der Eva Adam den Apfel gibt, die Frucht vom Baum der Erkenntnis. Ich verstehe diese Geschichte etwas anders als die meisten anderen Menschen. Für mich symbolisiert sie einen ganz wesentlichen Schritt in der Evolution des Menschen. Die Evolution hat sehr lange daran gearbeitet,

Bewusstsein weiterzuentwickeln, und in einem gewissen Entwicklungsstadium war es dafür unabdingbar, die Freiheit einzuführen. Freiheit bedeutet „Ja" oder „Nein" sagen zu können, selbst dann, wenn das Nein gegen den Schöpfungsplan gerichtet ist. Das ganz Große, das Göttliche hat ein großes Risiko auf sich genommen, um unsere Evolution zu unterstützen, indem es uns so viel Freiheit und Macht im Sinn von Handlungsfreiheit gegeben hat, dass wir sogar gegen den Willen des Göttlichen, des ganz Großen handeln können. Wenn uns diese Möglichkeit nicht eingeräumt worden wäre, wären wir an dieser Stelle stehen geblieben und hätten uns nicht weiterentwickelt. Und genau dies ist das Thema der Geschichte von Adam und Eva und dem Baum der Erkenntnis im Alten Testament. Es geht hier also meines Erachtens nicht um Schuldzuweisung oder Erbsünde, sondern um eine schmerzliche Notwendigkeit für die Entwicklung des Bewusstseins. Adam und Eva – die Menschheit also – wurden sich nach dem Essen dieser Frucht ihrer Nacktheit und Sterblichkeit sofort bewusst – nicht dass sie vorher nicht nackt und sterblich gewesen wären, – aber erst jetzt wurden sie sich dessen bewusst. Und mit der Vertreibung aus dem Paradies der unbewussten Unschuld bezahlten sie schmerzlich für ihr Nein zum göttlichen Gebot, behielten aber immer die Hoffnung auf ein neues Paradies bewusster Unschuld, die im weiteren Verlauf der Geschichte von einigen Menschen auch erfüllt wurde, zum Beispiel von Jesus und von Buddha.

So verläuft unsere menschliche Entwicklung als Kollektiv, und so ist die Entwicklung jedes Individuums. Die Herausforderung lautet Einsicht zu entwickeln und umzusetzen, sich zu beheimaten und in Handlungsfreiheit, Gerechtigkeit und Verbundenheit zu leben.

Das Gesunde stärken

In allen Bereichen, in denen wir heutzutage Entfremdung erleben, ist unsere Aufgabe eine tiefe Heilung zu bewirken. Um Heilung zu ermöglichen, müssen wir immer vom Gesunden ausgehen. Und das empfehle ich Ihnen als Übung im Alltag. Wo immer Ihnen Entfremdung oder Probleme begegnen, besinnen Sie sich zunächst auf das Gewahrsein, nehmen die Weite im unendlichen Mandala des Raumes wahr. Dann betrachten Sie nochmals das Problem, die Entfremdung und fragen sich: Wo gibt es bereits Gesundes, Geheiltes, Gelungenes in diesem Bereich, von dem Sie in Ihrem weiteren Bemühen ausgehen können? Stärken Sie dieses Gesunde wieder und wieder. Es ist wie in der Chirurgie. Wenn ich eine Wunde nähen will, muss ich die Naht im gesunden Gewebe anlegen, sonst hält sie nicht. Lassen Sie sich nicht von der Gewohnheit vieler, auch einflussreicher Menschen anstecken, ständig über Probleme zu reden. Führen Sie in Ihrer Umgebung eine Kultur der Bestätigung des Gelungenen und des Mutes zu neuem Gelingen ein.

Entdecken, nutzen und unterstützen Sie all die wunderschönen Initiativen, die es bereits gibt, wie z.B. Slow Food, Mikrokredite und so vieles andere. Unterstützen Sie das Gelingende in unserer Suche nach Verbundenheit, damit das Gelingen weiter an Boden gewinnt.

Der Begriff Mikrokredite stammt von dem bangladeschischen Wirtschaftswissenschaftler Muhammad Yunus. Er ist Gründer der **Grameen Bank**, die sehr erfolgreich diese **Mikrokredite** vergibt. 2006 wurde er mit dem **Friedensnobelpreis** ausgezeichnet. Nach Vorstellung von Yunus muss „die Struktur des **Kapitalismus** vervollständigt werden" durch die Einführung von **Sozialunternehmen.**

Eine weitere interessante Entwicklung sind die Regional-währungen, die es in immer mehr Landstrichen gibt.

Sinnlichkeit stärken

Fühlen Sie mit Ihren Händen. Tasten Sie. Erspüren Sie Quali-tät. Hören Sie. Schmecken Sie. Tausendmal am Tag. Es macht Spaß, ist spannend und sogar richtig meditativ.

Konkrete Handlungsweisen

Werte

Kreditkarten möglichst meiden und alles fördern, was uns einen konkreten Begriff von Wert gibt. Bestehen Sie auf Qua-lität. Dazu brauchen Sie Sinnlichkeit. Definieren Sie Ihre Werte. Machen Sie regelmäßig einen Kassensturz. Übrigens hat jüngst eine Untersuchung gezeigt, dass Geldzählen (selbst wenn es nicht das eigene ist) Depressionen vorbeugt.

Information

Zunächst müssen wir unsere eigenen Programme, die uns zur Informationsgier führen, erkennen. Dann können wir darüber lachen und können Stopp sagen. Dasselbe gilt für alle Propagandaversuche.

Achtsamkeits-Übung „Information":

Immer wieder, wenn Sie mit Informationen konfrontiert sind, sei es beim Zeitungslesen, Fernsehen oder bei der Tätigkeit am Computer, halten Sie immer wieder inne, erinnern Sie sich der acht Ecken des Raumes, in dem Sie sitzen. Erinnern Sie sich dann Ihres Gewahrseins und des Raumes. Von da aus betrach-ten Sie mit Achtsamkeit die Ihnen vorliegenden Informationen.

Jetzt können Sie frei wählen: „Welche Informationen brauche ich, welche will ich, welche kann ich nutzen, welche sind spannend und welche will ich mir eigentlich gar nicht zuführen?" Dieser ganze Vorgang dauert nur einige Sekunden und spart Ihnen viel Zeit und Energie.

Do it youself

Wo erfahren Sie Abspaltung und Entfremdung und welche Wege sehen Sie zu neuer Verbundenheit?

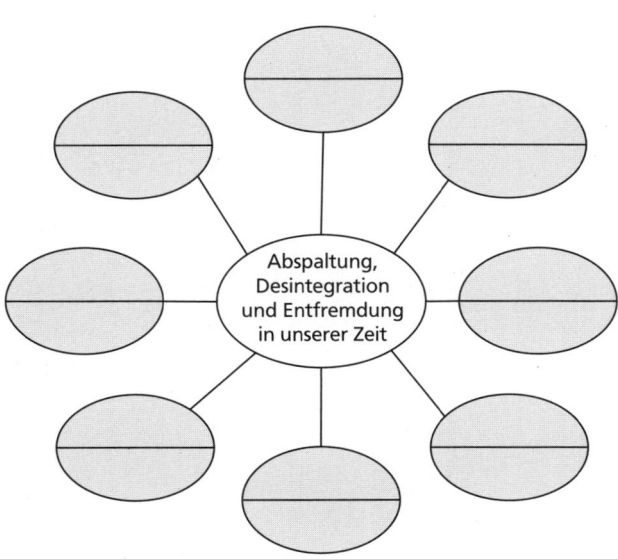

5 **Werte**

„Wer die wahren Werte nicht kennt,
nimmt das Wichtige für unwichtig und
das Unwichtige für wichtig."

LÜ BU WE, CHINESISCHER KAUFMANN,
POLITIKER UND PHILOSOPH, 3. JHDT. VOR CHR.[5]

Bereits im vorigen Kapitel war viel von Wert die Rede, vor allem im materiellen Kontext. Alles was uns kostbar ist, ist wertvoll. Wir alle streben nach Kostbarkeit und wir alle sind Kostbarkeit. Und wir alle sind frei in unserer Entscheidung unter all den Kostbarkeiten des Lebens unsere Gewichtung auf bestimmte Aspekte zu legen. Im Gesamten gesehen braucht nicht jeder Mensch alle, aber jeder braucht einen gewissen Strauß an Werten. Berücksichtigen wir, dass wir dabei die Pflege der Werte all der anderen Wesen nicht beeinträchtigen, dann tragen wir alle zum Geflecht des WIR unsere eigene Kostbarkeit bei.

Auf einige Aspekte möchte ich näher eingehen – natürlich gibt es viel mehr Werte, als ich hier erwähnen kann:

Wertschätzung / Dankbarkeit

Manche Dinge haben einen objektiv bestimmbaren Wert, die meisten Kostbarkeiten unseres Lebens jedoch lassen sich in ihrem Wert nicht in Zahlen bemessen, wir haben lediglich ein Gefühl für diesen Wert. Und unsere eigene gefühlte Wertskala gleichen wir dabei ständig mit anderen Menschen ab. Je enger wir mit anderen Menschen zusammenleben, umso wichtiger sind uns ähnliche oder gleiche Wertvorstellungen, und umso wichtiger ist es uns natürlich diese anderen Menschen wertzuschätzen und von ihnen wertgeschätzt zu werden. Das ist eine sehr wichtige Bewegung in

---

5   Aus „Frühling und Herbst des Lü Bu We", aus dem Chinesischen übertragen und herausgegeben von Richard Wilhelm (1873-1930), Eugen Diederichs Verlag, Düsseldorf-Köln 1979

Indras Netz und hilft uns auch, uns in Verbundenheit mit allem zu wissen. Das ist in diesem Netzwerk wie ein Fließen in beide Richtungen:

Die eine Richtung ist die Wertschätzung, die ich empfange, die meinen eigenen Wert klarmacht und bestätigt, und die andere ist die meiner Dankbarkeit, die ich anderen entgegenbringe. Ich glaube, dass es dabei in unserem Verhalten eine Aufwärts- und Abwärtsbewegung gibt. Wenn wir anfangen, uns zu bedanken, werden wir auch Wertschätzung erfahren und haben dann noch mehr Grund, uns zu bedanken. Und es wird dann immer schöner und macht viel für unser subjektives Wohlergehen aus. Wenn ich Ihnen einen Kuchen backe und Sie ihn einfach nehmen und gehen, dann hat der Kuchen einen anderen Wert in meinem Empfinden als wenn Sie sich herzlich bedanken. Wenn ich mich bei Ihnen für die Aufmerksamkeit bedanke mit der Sie dieses Buch lesen, dann empfinden Sie Ihre eigene Aufmerksamkeit als noch wertvoller. Das ist die Bewegung nach oben. Wie wichtig es ist in unseren Diskussionen miteinander immer bei der Wertschätzung zu beginnen weiß jeder, und es wird immer wieder darauf hingewiesen. Wenn ich also ein Teammeeting habe und es etwas zu ändern oder zu kritisieren gibt, ist es gut, erst einmal das zu erwähnen, was wertzuschätzen ist. Von dieser Basis aus, wertgeschätzt zu sein, sind wir alle sehr viel mehr bereit uns zu bewegen als wenn wir nur kritisiert werden. Eigenartigerweise aber fällt es uns oft schwer Wertschätzung, Lob und Dankbarkeit anzunehmen. Das müssen wir lernen.

Die Bewegung nach unten führt uns in eine Kultur des Mangels, in der wir glauben nichts mehr zu finden, wofür wir dankbar sein könnten. Das hat oft nichts mit der Realität zu tun, sondern liegt vielmehr an unserer inneren Einstellung. Und deshalb sind wir auch hier frei unsere Einstellung zu verändern, Dankbarkeit zu üben und damit wieder in die Aufwärtsbewegung zu gelangen. Wertschätzung und Dankbarkeit bestätigen immer wieder unsere Verbundenheit, und Dankbarkeit nährt unser Wir-Gefühl.

Dankbarkeit und Wertschätzung können wir durch Bewusstheit schulen. Wir sagen zwar oft „Danke", aber wir sagen es nicht immer bewusst. Wir können darauf achten, dass wir „Danke" wirklich bewusst und von Herzen sagen. Wir können auch kultivieren, den anderen wertzuschätzen und dieser Wertschätzung öfter Ausdruck zu verleihen. Wir können uns auch gegenseitig darauf aufmerksam machen, wenn uns auffällt, dass unser Gegenüber gerade nicht in der Lage ist, ein Lob oder eine Dankesbezeugung anzunehmen. Natürlich darf ich mich auch selbst wertschätzen. Diese Wertschätzung kann ich auch ausdrücken, indem ich mir zum Beispiel gelegentlich selbst Blumen schenke.

Dankbarkeit können wir auch kultivieren, in dem wir uns bewusst machen, wie gut es uns hier geht. Die Dankbarkeit für all die Geschenke des Lebens, für die Sonne und den Mond, für den Wind und den Regen. Und in all diesen Geschenken scheint die größte Kostbarkeit auf und drückt sich aus: Das Ewige Unsagbare, die Wahrheit und Göttlichkeit. In seinem Sonnengesang drückt Franziskus von Assisi das ganz wunderbar aus. Er beginnt:

„Gelobt seist du, mein Herr, mit allen deinen Geschöpfen,
zumal dem Herrn Bruder Sonne;
er ist der Tag, und du spendest uns das Licht durch ihn.
Und schön ist er und strahlend in großem Glanz,
dein Sinnbild, o Höchster.

Gelobt seist du, mein Herr, durch Schwester Mond und die Sterne;
am Himmel hast du sie gebildet, hell leuchtend und kostbar und
schön.

Gelobt seist du, mein Herr, durch Bruder Wind und durch Luft
und Wolken und heiteren Himmel und jegliches Wetter, durch das
du deinen Geschöpfen den Unterhalt gibst."

Zuhause beheimatet sein

„Zuhause" begreifen wir Menschen von Natur aus als einen hohen Wert. Zu Hause zu sein, gibt uns ein Gefühl von Sicherheit. Wir sind bereit, viel in unser Heim zu investieren, es auszuschmücken und es für uns schön zu machen. Das ist gut so. Um aktiv eine Verbindlichkeit einzugehen, brauchen wir einen guten Stand auf sicherem Boden. Das ist im Innen natürlich unsere Buddhanatur, aber im Außen ist das unser Zuhause und hat deshalb einen nicht genug zu schätzenden Wert. Dieses Zuhause hat konzentrische Kreise: Von der Intimität unserer Wohnung über unsere Stadt, unser Land, die Erde bis zum Universum.

Es ist genauso wichtig sich in einem Land zuhause zu fühlen wie in der eigenen Wohnung. Wir bewegen uns also in unsere Intimität hinein, die uns auch Sicherheit und Wurzeln verleiht, und bewegen uns dann entsprechend sicher und verwurzelt wieder aus unserer Intimität heraus. Und dieses Gefühl verleiht uns enorme Kraft. Wenn wir dieses nicht haben, tun wir uns auch schwerer die Verbindlichkeit in Indras Netz zu halten. Der wunderschöne Film „Broken Silence" beginnt mit dem Satz: „Die Probleme beginnen, wenn wir unser Zuhause verlassen".

Meiner Ansicht nach ist das Gegenteil von Entfremdung die Beheimatung. Wie kann ich das wieder beheimaten, was in die Fremde gegangen ist? Da die Beheimatung und das Gefühl eines Zuhauses so wichtig sind, unterstütze ich diese Aspekte immer wieder in meiner Arbeit und befürworte es, wenn Menschen sich in ihrer Familie, in ihrer Partnerschaft und in ihrem Arbeitsumfeld beheimaten. Im Buddhismus gibt es den Begriff der Hauslosigkeit als ein Ideal. In einer bestimmten Lebensphase kann eine solche Erfahrung auch wertvoll sein, aber das gilt nicht für die Mehrzahl der Menschen. Jede Heimat hat ihre Vor- und Nachteile. Meine Heimat Bayern bietet viele, viele Vorteile, aber die Sommer sind nicht so heiß wie in Italien, und die Winter sind kalt. Aber in jedem

Land passt etwas nicht. Viele Menschen ziehen umher, auf der Suche nach dem Idealen, aber das gibt es nicht.

Auch unsere Arbeit ist ein Ort der Beheimatung. Doch wir müssen akzeptieren, dass es nicht den idealen Wohnort, den idealen Arbeitsplatz etc. gibt. Auch hier sind viele Menschen ruhelos und suchen sehr lange den idealen Arbeitsplatz, den endlich erfüllenden Beruf und werden immer wieder frustriert. Ein Teil der Frustration rührt von einer falschen inneren Vorstellung her, dass die Erfüllung verwirklicht werden könnte, wenn man nur endlich den idealen Beruf gefunden hätte. Aber ähnlich wie bei unserer Wohnung ist es so: Nur ein Teil der Zufriedenheit beruht auf den äußeren Umständen, der größere Teil jedoch auf der inneren Einstellung. Wenn die Frustration immer wiederkehrt, sollte man sich fragen: Wie beheimate ich mich genau da wo ich bereits bin? Wenn ich davon ausgehe, dass von Natur aus und aus dem Großen betrachtet jeder den gleichen Wert hat, aber verschiedene Funktionen auszufüllen hat, dann können die Funktionen als Bauer, Müllmann oder Straßenfeger nicht wesentlich anders im Wert sein als die Funktion eines Arztes oder Heilers. Durch verschrobene Vorstellungen, wie meine Arbeit zu sein hat, wird Zufriedenheit am Arbeitsplatz verhindert. Selbst Kinder werden von ihren Eltern häufig viel zu sehr in eine bestimmte berufliche Richtung gedrängt, für die sie eigentlich keine Begabung haben und die sie selbst niemals aussuchen würden. Sie arbeiten dann in einem Job, den ihre Eltern vielleicht selbst gerne gemacht hätten, oder um einen bestimmten von ihren Eltern erwarteten beruflichen Status zu erfüllen. Die Kinder fühlen sich dabei aber niemals wirklich zuhause.

Ich wünsche uns allen, dass wir uns genau dort zuhause fühlen, wo wir sind: Auf diesem Planeten, in uns selbst, an dem Ort, an dem wir leben, in der Landschaft, die uns umgibt, mit der Arbeit, die wir tun, mit den Menschen, zu denen wir enge Beziehungen pflegen.

Beziehungen

Unsere Beziehungen, die nahen wie die fernen, sind wertvoll. Wir müssen mit unseren modernen Kommunikationsformen sehr achtsam sein, nicht nur Worte zu produzieren, sondern uns tatsächlich zu beziehen. Ich beobachte zum Beispiel, dass E-Mails oft ohne persönliche Anrede ankommen, wir werden nur noch auf die Verteiler gesetzt und als eigenständige Person nicht mehr wahrgenommen. Hier müssen wir darauf achten, dass wir nicht nur noch als eine E-Mailadresse angesehen werden, sondern als Menschen. Gerade deshalb sollten wir auf bestimmte Werte in unserer Beziehungskultur bestehen und entsprechend miteinander umgehen. Diese Beziehungskultur braucht durchaus Formen, weil Formales den zwischenmenschlichen Umgang einfacher macht. Zu den sozialen Werten gehören auch Mitgefühl im weitesten Sinn und die Entwicklung unseres Sinns für soziale Verantwortung. Die Werte, die für soziale Beziehungen wichtig sind, werden natürlich auch von der jeweiligen Kultur geprägt, in der wir leben.

Natur

Die Natur stellt für mich und sicher für uns alle einen sehr hohen Wert dar. Nicht nur als Lebensgrundlage, sondern auch als Quelle der Schönheit, der Inspiration und Entspannung. Ich könnte eher auf Kunst verzichten als auf Natur, was zeigt, dass die Natur in meinem persönlichen Leben einen hohen Wert hat. Wenn ich mich bewusst und aktiv damit verbinde, fließt mir viel Kraft zu, egal ob beim Bergsteigen, beim Sitzen am See oder bei der Gartenarbeit. Manchmal ist dafür nicht viel nötig, es reicht dann schon der Blick aus dem Fenster meiner Praxis in den liebevoll bepflanzten Hinterhof. Zu sehen, wie die Natur hier nach dem Winter langsam wieder zum Leben erwacht und sich im Sommer eine strotzende Pracht breit macht, ist pure Freude. Und das stellt für mich eine wertvolle Bereicherung meines Lebens dar.

Innere Werte

Neben den äußeren Dingen, die wichtige Werte in unserem Leben darstellen, gibt es auch innere Werte, die aber natürlich immer auch eine Beziehung zum Außen haben. Zu diesen inneren Werten gehören auch all die guten Eigenschaften, die in uns allen vorhanden sind. Manche dieser Eigenschaften in uns sind bereits ausgebildet, manche sind noch als schlafende Samen vorhanden und warten darauf, gegossen und gepflegt zu werden. Ich weiß, dass alle guten Eigenschaften in den Menschen angelegt sind. Alles was sie brauchen, ist eine gewisse Pflege wie ein Garten. Auf diesen Aspekt komme ich auch in den Satsangs und Retreats immer wieder zurück. Für diese Pflege aber braucht es etwas, was ich die Weisheit der Unterscheidung nenne. Unkraut als Unkraut und Heilsames als Heilsames zu erkennen, ist dafür die wichtige Voraussetzung. Wie ich über die jüngsten neurologischen Forschungen gelesen habe, entspricht dieses Vorgehen auch unserer neurophysiologischen Struktur oder unseren neuronalen Verschaltungen. Alles, was wir sehr oft tun, sehr oft denken oder oft sagen, bahnt entsprechende Spuren in unserem Geist, wie Autobahnen des Geistes. Alles was wir oft denken, sprechen und tun, kommt uns leicht und schnell in den Sinn. Dinge, die wir selten tun, sagen oder denken, sind nicht so leicht zugänglich. Deshalb muss ich die Eigenschaften, die ich kultivieren will, weil sie positive Werte für mich darstellen, oft denken, sagen und tun. Und die Dinge, die wir nicht mehr schätzen, sollten wir nicht mehr denken, sagen und tun.

Aber noch vor die unterscheidende Weisheit gehört die Motivation, der Wille, etwas zu verändern. Wenn ich nichts ändern will, dann geschieht auch nichts.

Bei manchen Gewohnheiten und Eigenschaften fällt es uns leicht, sie zu verändern. Wir hören z.B. von einer guten Eigenschaft wie Großzügigkeit und wollen sie entwickeln und pflegen.

Damit ist die Motivation schon gegeben. Dann reicht die unterscheidende Weisheit im Beobachten und Gewahrsein im Alltag bereits aus, weil man dann schnell erkennt, wo man sich entsprechend verhält und wo nicht. Wenn ich das Bewusstsein dafür habe, kann ich üben, die Großzügigkeit zu vergrößern und den Geiz zu vermindern. Manchmal jedoch sind wir nicht so schnell in der Einsicht oder auch in der Umsetzung einer Einsicht. Dann kann es sein, dass wir im Verlaufe unseres Lebens immer wieder auf die Nase fallen und unsere Lektionen auf diese Art und Weise lernen. Und natürlich sind Menschen verschieden – auch verschieden schnell im Lernen. Das ändert nichts an ihrer Gleichwertigkeit. Einen Kaktus muss ich anders pflegen als eine Orchidee. Beides aber sind wunderbare Pflanzen mit der Fähigkeit zu blühen. Deshalb ist es in Bezug auf Werte gut zu wissen: Es gibt Menschen, die schnell wachsen, andere langsam, andere sprunghaft, mal vor, dann wieder zurück. Aber unterm Strich, denke ich, haben wir auch alle das gleiche Maß an Schwierigkeiten. Der eine hier, der andere dort. Und im unendlichen Mandala des Raumes haben alle Menschen in ihrer Verschiedenheit leicht Platz. Sie haben leicht Platz und da ist immer noch Weite.

Die buddhistischen Bilder vom Rad der Lehre und vom Rad der Wiedergeburt verdeutlichen dies. Ich beschreibe und übersetze das eine als das Rad der Entwicklung und das andere als das Rad der Verwicklung. Diese beiden Grundrichtungen spielen in unserer individuellen Lebensgeschichte und genauso auch in all diesen Themen der Vernetzung und in allen sozial-ökologischen Belangen eine Rolle. Und es stellt sich immer die Frage: In welche Richtung gehe ich? Dies ist eine grundsätzliche Frage der Haltung, bei der auch immer ein Wert mit ins Spiel kommt. Ein hoher innerer Wert ist die gute Motivation, die den Grundimpuls und die Ausrichtung gibt.

Mir kommt in diesem Kontext immer wieder das Wort Kultur in den Sinn. Kultivieren heißt einfach: pflegen. Im Lateinischen ist es ein bäuerlicher Begriff. Cultivare ist, was der Bauer auf dem Feld macht. Vermutlich benutze ich das Wort Kultur so häufig, weil Werte unserer Pflege bedürfen. Sie sind nicht einfach da, sondern sie müssen gepflegt werden. Dies gilt sowohl für die inneren als auch die äußeren Werte. Sie müssen jeden Tag aufs Neue gegossen und gedüngt werden.

Der Begriff Selbstwert ist in aller Munde, aber ich befürchte, dass dieser Begriff oftmals überschätzt wird und zu neuer Frustration führt. Was, wenn ich mich als weniger begabt als meine Mitschüler einstufe? Vielleicht stimmt das ja sogar, und ich verbiege mich in dem Versuch mich höher einzuschätzen. Mir ist der Begriff „grundlegende Gutheit" lieber: Jedes Wesen ist in seinem Kern gut und strahlend, weise und liebevoll. Warum? Weil wir alle momentaner Ausdruck der Bewusstheit sind, der Göttlichkeit, der Raumhaftigkeit. Um diesen Kern herum mag es manche Verwirrung geben bis hin zu Kriminalität, aber der Kern ist gut. Das gilt für jedes Wesen gleichermaßen. Daher ist in diesem Begriff kein Vergleichen möglich, während das Wort Selbstwert doch diese Versuchung beinhaltet.

„Grundlegende Gutheit" erlaubt uns Fehler zu machen, Fehler einzusehen, Fehler zu bereuen, aus Fehlern zu lernen und so zu einer Verwandlung zu gelangen. In meinem Verstehen gehört unsere Fähigkeit zu Reue und Wandel wesentlich zu unserer Würde. Und sie gehört wesentlich zu unserem wunderschönen immer vorhandenen Potenzial zu wachsen und uns zu entwickeln.

Wie immer wieder im Verlaufe dieses Buches erwähnt, glaube ich, dass wir grundlegend gut sind, und dies ist mir besonders in diesem Kontext noch einmal sehr wichtig zu erwähnen. Jeder von uns ist gut. Es ist mir ganz wichtig das zu betonen, weil in unserer abendländischen Kultur offensichtlich ein großes Missverständnis vorliegt. Ich beobachte da ein Missverständnis eines falsch verstandenen und falsch vermittelten Christentums, einer falsch verstandenen Erbsünde, was sich bis in die heutige Psychologie fortsetzt. Manchmal kommt es mir vor, als ob der Neurose-Begriff den Begriff der Erbsünde ersetzt habe. Auch in der Psychologie gibt es immer wieder den Gedanken, dass der Mensch von Haus aus marode sei – nur nennt man das dort nicht Erbsünde, sondern Neurose. Und wieder versprechen wir das Seelenheil. Diese Kritik betrifft nicht die gesamte Psychologie, sondern auch hier nur ein Missverständnis, das mir aber immer wieder begegnet. Natürlich schicke ich jemanden in Therapie, wenn ich das Gefühl habe, dass er eine Therapie braucht. Aber ich glaube nicht, dass unbedingt Therapie nötig ist, um Erleuchtung zu erlangen. Ich bin überzeugt, dass jede Wandlung zum Guten vom bereits Gesunden her am leichtesten erfolgt. Wir können von dem Wert unserer grundlegenden Gutheit ausgehen. Das ist der wichtigste innere Wert, der ein grundlegend gutes Potenzial zur Entwicklung darstellt.

Und Liebe und Weisheit sind die zwei guten Eigenschaften, die zwei Flügel, auf denen wir fliegen. Die müssen wir immer simultan entwickeln. Sonst lahmt der Vogel und gerät in Schieflage.

Fähigkeiten / Begabungen

Ursprünglich war Talent der Name für römisches Geld und stand somit für handfeste Werte. Einerseits beobachte ich heute die Glaubenstendenz bei vielen Menschen, alles können zu müssen: Vom Auto reparieren bis hin zur einwandfreien Fertigstellung der Steuererklärung. Und so ganz nebenbei wollen sie auch noch gut sein in ihrem erlernten Beruf. Ich glaube nicht, dass das geht. Wir können einfach nicht in so vielen verschiedenen Bereichen gut sein. Ich halte es für klug, dass ich das, worin ich wirklich gut bin, kultiviere. Damit kann ich dann doch im Rahmen meiner Arbeitsbeziehungen genug materielle Werte produzieren. Und kann dann andere Dinge, die ich nicht so gut beherrsche, delegieren, und gebe so gleichzeitig anderen die Möglichkeit, sich sozial zu beziehen, materielle Werte zu erwerben und Wertschätzung zu erhalten. Auch das ist ein Ausdruck der bewussten Vernetzung und

Bezogenheit in Indras Netz. Ich selbst delegiere gerne und merke, dass es meiner eigenen Schaffenskraft zugute kommt. Ich muss nicht alles können: Ich kann keine Knöpfe annähen, keinen Rasen mähen und kein Auto reparieren. Dafür kann ich Dinge, die andere wiederum nicht können. Ich befinde mich hier mit voller Freude in der Vernetzung des WIR. Wenn ich delegiere, dann vertraue ich anderen.

Impulse, Tipps und Übungen

Die wichtigste Übung hier ist, sich immer wieder der grundlegenden Gutheit zu erinnern und die eigene Motivation aus dieser Gutheit zu schöpfen um Werte zu schaffen und zu erkennen.

Das Zweite ist die Pflege der Dankbarkeit und Wertschätzung gegenüber uns selbst, anderen Menschen und der Natur. Und die Pflege dessen was wir für uns als Wert erkannt haben.

Eine kleine Übung dazu für Menschen, die in einer Partnerschaft leben:

In Indien gibt es die Geste des Namaste, bei der beide Handflächen vor dem Herzen im Gruß aneinandergelegt werden und man eine leichte Verbeugung dabei macht. Dieser Gruß bedeutet: „Ich grüße den Buddha in dir." Wie wäre es, wenn Sie diesen Gruß regelmäßig mit Ihrem Partner austauschen? Sich voreinander gelegentlich in Respekt und Dankbarkeit zu verbeugen ist eine sehr schöne Übung, weil dabei unser Körper beteiligt ist und wir so vom puren Wort oder Gedanken zu einer sinnlichen Erfahrung gelangen.

Do it Yourself

Was sind Ihre Werte? Und wie können Sie sie umsetzen und pflegen?

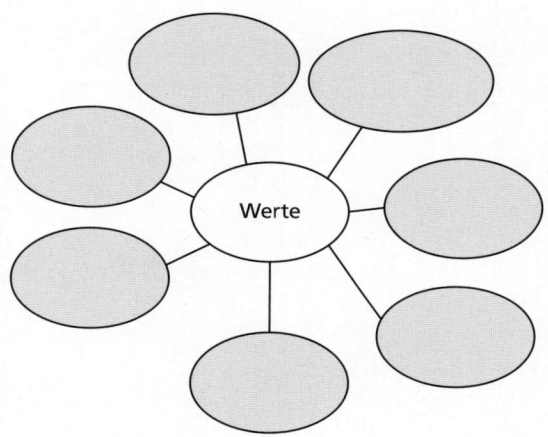

6 Disziplin, Liebe und Freiheit

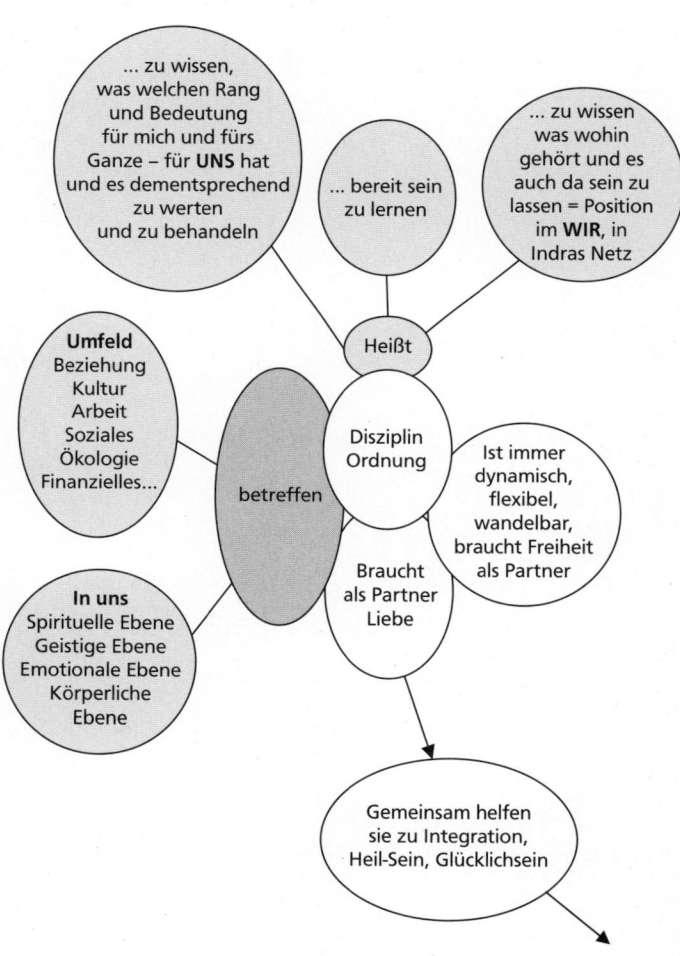

„Vier Große gibt es im Raume

Und der Mensch ist auch darunter.

Der Mensch richtet sich nach der Erde.

Die Erde richtet sich nach dem Himmel.

Der Himmel richtet sich nach dem Sinn.

Der Sinn richtet sich nach sich selbst."

LAOTSE

Natürliche Ordnung

Ist dieses Gedicht nicht eine wunderschöne poetische Beschreibung von gesunder Ordnung? Es zeigt eine sehr schöne Zusammenschau von inneren Erfahrungen, meditativem Erfahren und politischen Notwendigkeiten. Laotse nähert sich dem Thema vom Sinn, vom Tao her, was dem Raum entspricht, und er spricht gleichzeitig darüber, wie der Mensch in Zufriedenheit leben kann.

Alle Aspekte, die Laotse hier nennt, sind gleichberechtigt. Das gefällt mir so gut an diesen Gedanken. Raumhaftigkeit bzw. das Tao hält er nicht für besser als den Menschen oder die Erde, sondern alles ist groß, auch wenn in sich eine Rangordnung herrscht und klar definiert ist, was sich woran zu orientieren hat. Genau das ist für mich eine gesunde Ordnung. Nach dieser Ordnung richtet sich der Mensch sehr wohl nach der Erde, die Erde nach dem Himmel, der Himmel nach dem Tao, aber alle sind groß. Und genau das ist das WIR. Das heißt auch, unser spirituelles Bemühen führt uns nicht weg von Mensch, Erde, Himmel, sondern wir erfahren das Tao innerhalb des Ganzen, wenn wir uns als Mensch im WIR erfahren, und das immer wieder neu.

Indras Netz umfasst das Ich, das WIR, umfasst alle Galaxien. Beheimatet in diesem Netz, in dieser Bezogenheit, nimmt jeder von uns seine eigene richtige Position ein, und zwar im rechten Maß. Und für das rechte Maß brauchen wir eine gewisse Disziplin. Disziplin ist leider fast zu einem Unwort geworden, aber ich will versuchen, Ihnen die Schönheit, die darin liegt, nahe zu bringen. Zum Unwort wurde Disziplin vielleicht, weil wir oft versäumten, Disziplin mit Freiheit und Liebe zu vergesellschaften. Freiheit ohne Disziplin wuchert aus. Disziplin ohne Freiheit wird zum Korsett (und als Korsett haben wir Disziplin sicher oft empfunden). Und die Liebe gibt der Freiheit und Disziplin Sinn und Freude.

Damit die Integration aller Lebens-Aspekte in unseren Alltag gelingen kann, ist für unseren Geist eine bestimmte Disziplin und Ordnung gepaart mit Liebe und Freiheit notwendig. Diese Disziplin muss eine in sich fließende, dynamische Ordnung besitzen und darf niemals zu Leitsätzen erstarren wie: „So war es, und so muss es sein!" Ein Merkmal des WIR ist ja gerade ständiger Wandel und konstante Bewegung, die einer lebendigen Ordnung entsprechen. Deshalb sollte die Disziplin nicht in ein starres moralisches Korsett gezwängt werden, sondern eher in eine lebendige Ethik münden. Das ist ein wesentliches Merkmal des WIR, das natürlich sehr viel Achtsamkeit fordert. Hier sind wir aufgerufen, immer wieder die Mitte zu finden zwischen übermäßig legerem Verhalten und übermäßig rigidem Auftreten. In diesem Bemühen werden wir uns immer wieder vergaloppieren. Dann müssen wir schauen, dass wir wieder in einen zweifelsfreien Raum zurückkommen. Ein Beispiel ist die Ökologie. Wenn wir unseren Platz, unsere Aufgabe und unsere Rechte innerhalb des WIR verstehen und umsetzen, kommen wir zu einem lebendigen ökologischen Verhalten, das uns selbst erfreut. Wenn Ökologie jedoch mit dem erhobenen Zeigefinger daherkommt, werden wir oft mit Widerstand reagieren.

Ein gutes Beispiel für eine gesunde Ordnung ist unser eigener Körper. Alle Zellen unseres Körpers sind aufeinander angewiesen. Um ein optimales Zusammenspiel aller Strukturen des Körpers zu ermöglichen, gibt es hierarchische Regelungsmechanismen und Regelkreise, die jedoch alle zum Wohle des ganzen Körpers handeln. Schüttet zum Beispiel die Schilddrüse ein Hormon aus, das die Geschwindigkeit der Stoffwechselvorgänge beschleunigt, dann macht sie das nicht um ihre Größe oder ihre Macht über diese Vorgänge zu beweisen, sie tut es nicht, um sich selbst zu verwirklichen, auch nicht aus Langeweile, sondern sie tut es im Dienst des Organismus, der gerade einen schnelleren Stoffwechsel braucht. Ein solches System nennt man Holarchie. „Unter normaler oder natürlicher Holarchie verstehen wir eine gestufte oder in Stadien verlaufende Entfaltung größerer Netzwerke von zunehmender Ganzheit, wobei die größeren oder umfassenderen Ganzheiten die darunter liegenden beeinflussen können", schreibt Ken Wilber. [6]

Laotses Gedicht, das ich an den Anfang dieses Kapitels stellte, beschreibt genau das. Das Tao umfängt und beinhaltet alles andere, der Himmel umfängt und beinhaltet Erde und Mensch. Die Erde beheimatet den Menschen. Und in der anderen Richtung muss sich der Mensch nach der Erde richten, die Erde nach dem Himmel, der Himmel nach dem Tao. Diese Gedanken sind auf viele Bereiche unseres Lebens übertragbar, und sie zwingen uns nicht in ein unnatürliches Korsett, sondern führen uns zu einer dynamischen, gesunden Ordnung und Disziplin.

Wenn wir uns mit Disziplin und Ordnung auseinandersetzen, müssen wir uns immer wieder die Frage stellen und beantworten: „Was gehört wohin?" Das WIR ist sehr komplex und wir können leicht in einen Nebel geraten und unsere Position verlieren, die Position dieses einen kleinen Punktes, des Ich, die eine Perle in Indras Netz darstellt, als auch das Wissen um die Position der anderen Perlen.

---

6 Ken Wilber, Das Wahre, Schöne, Gute, Frankfurt, 2002

Die weiteren Fragen, die zu klären sind, lauten: „Was hat welchen Wert in meinem Leben?", „Was ist in unserem Leben von Bedeutung?", „Wo braucht es Pflege?". Um diese Fragen beantworten zu können, ist Ordnung nötig, denn sonst verzweifeln wir vor der Komplexität unseres Lebens.

Wir brauchen auch eine gewisse Ordnung in uns selbst, um uns in der Komplexität des WIR zurechtzufinden. Viele Menschen haben ihre eigenen inneren Werte nicht geordnet. Dazu eine schöne Geschichte: Ein Professor zeigte seinen Studenten ein großes, durchsichtiges Glas, das er mit drei großen Steinen füllte. Danach fragte er seine Studenten, ob das Glas voll sei. Sie meinten, es sei voll. Da nahm der Professor einen Sack Kieselsteine und füllte sie ohne Probleme zusätzlich in das Glas. „Ist das Glas jetzt voll?" Sie bejahten. Der Professor hingegen sagte: „Nein. Es ist noch nicht voll!", nahm Sand und schüttete ihn zwischen die Kieselsteine. Die Studenten waren erstaunt, wie viel Sand der Professor noch in das Glas geben konnte. Er fragte seine Studenten wieder: „Ist das Glas nun voll?" Und wieder antworteten sie: „Ja. Jetzt ist es voll." Und der Professor lächelte: „Nein. Es ist immer noch nicht voll!" Und er schüttete eine Flasche Bier in das Glas. Die Studenten staunten wieder, wie viel Flüssigkeit das Glas noch fassen konnte. Als das Glas randvoll war, sagte der Professor zu seinen Studenten: „So müsst ihr es in eurem Leben machen. Erst kümmert euch um die großen Dinge und holt sie in euer Leben. Und dann habt ihr immer noch genug Platz für die kleinen Dinge. Wenn ihr es aber umgekehrt macht und erst die kleinen Dinge in euer Leben nehmt, kann es sein, dass ihr die großen nicht mehr hineinbekommt."

Viele Menschen wissen nicht wirklich, was ihre drei großen, wichtigen Dinge in diesem Leben sind. Diese Unwissenheit ist sicherlich ein Grund für viel Unzufriedenheit. Aber wir haben in der heutigen Zeit auch eine große Chance und riesige Freiheit, die großen Dinge in unser Leben zu holen, die uns wirklich wichtig sind. Vor 60, 70 Jahren waren uns diese großen Steine noch vorgegeben:

z.B. Religionszugehörigkeit, Heirat und Beruf. Selbst bei den kleinen Steinen gab es nicht allzu viel Auswahl. Auf der anderen Seite kann es heute auch sein, dass wir bei der riesigen Auswahl manchmal damit überfordert sind, selbst wählen zu können oder sogar zu müssen, weil wir es nicht wirklich gelernt haben.

Natürlich sind wir aufgerufen, selbstverantwortlich zu agieren, zu reflektieren und auszuwählen, was für uns das Wesentliche in unserem Leben ist. Aber gleichzeitig dürfen wir uns vom WIR unterstützend getragen fühlen. Indras Netz ist so komplex, dass wir es nicht überblicken können, und alles geht seinen Gang darin. Und jeder ist verpflichtet, für seinen Teil geradezustehen. Das ist immer wieder eine neue Herausforderung, das Vertrauen in und die Dankbarkeit um das WIR zu leben und gleichzeitig in Selbstverantwortlichkeit für mich zu stehen und meinerseits zum Wohle des Ganzen zu wirken. Diese Gegensätze scheinen im ersten Moment ein Widerspruch zu sein, sie sind es aber nicht, eben weil jeder von uns ein Teil des Ganzen ist, der auch wieder für das Ganze sorgt. Aus diesem Bewusstsein heraus erwächst uns eine riesige Chance.

Zeit – Tempo – Rhythmus

Ein grundlegendes Problem unserer Zeit ist, dass wir immer das Gefühl haben, nicht genug Zeit zu haben. Also müssen wir erst einmal unseren eigenen Rhythmus herausfinden. Wenn ich zum Beispiel mit jemandem an einem Buch arbeite, und der eine von uns ist Frühaufsteher und der andere nicht, dann müssen wir ein gutes Mittelmaß finden, so dass beide gut arbeiten können, sonst wird unsere Arbeit nicht gut. Viele Menschen leben sehr gegen ihre eigene Zeit. Aber natürlich gibt es auch Gegebenheiten, an die wir uns anpassen müssen. Hier taucht dann auch wieder die Disziplin auf und die Ordnung in Form von Hierarchisierung, und wir brauchen wieder unser Unterscheidungsvermögen um festzustellen, was ist wichtig und was nicht. Wieder sind wir aufgefordert, die großen Steine im Glas zu benennen, immer wieder zu bestimmen, was ich in meinem Leben will, in diesem Jahr will, heute will. Wir müssen Prioritäten setzen und prüfen was Platz hat und was nicht. Für mich ist es nämlich eine große Befriedigung, wenn ich weiß, dass die Dinge, die ich erledigen muss, erledigt sind.

Und wir müssen natürlich realistisch sein und uns überlegen, was wir überhaupt in 24 Stunden oder in 84 Jahren erledigen und erleben können. In einem Leben werden wir nicht alle Länder bereist haben, die wir gerne bereist hätten. Wir werden nicht 20 Partnerschaften geführt haben mit den unterschiedlichsten Frauen oder Männern. Hier wird uns gelegentlich etwas Falsches als Ideal vermittelt, hier kommt wieder die Propaganda ins Spiel, die uns vorgaukelt, was wir angeblich brauchen, um glücklich zu sein: Wir müssen reich sein, wir müssen schön sein, wir müssen kreativ sein, wir sollen sexy sein. Das alles ist aber nicht zu schaffen. Ich kann nicht immer relaxed sein und all diese Aspekte auf einem hohen Standard erfüllen, vor allem nicht, wenn ich älter werde. So etwas wie die Würde des Alters haben wir vollkommen vergessen und verdrängt. Einfach nur alt zu werden, mit nachlassenden Fähigkeiten, ist in unserer Gesellschaft völlig verpönt. Wir dürfen gar nicht mehr auf die Weise alt werden, wie es der eigene Rhythmus bestimmt. Wenn wir uns nach ihm richten, wird uns das Gefühl vermittelt, dass wir uncool sind. Unlängst kam eine 70-jährige Patientin mit ihren altersgemäßen Krankheiten zu mir und fragte: „Warum hab ich das?", „Was ist die Ursache für hohen Blutdruck?" Diese Fragen stellt sie mir jedes Mal, und ich antworte jedes Mal: „90% der Fälle von hohem Blutdruck in Ihrem Alter haben keine spezifische Ursache. Sie gehören einfach dazu, wenn man älter wird." Völlig entsetzt antwortete sie: „Da komme ich mir ja vor wie eine alte Frau!" Woraufhin ich sie fragte: „Ab welchem Alter sind Sie bereit zu sagen: Jetzt werde ich alt?"

Es gibt auch eine Zeitökologie. Sie hat mit Meditation zu tun. Mit dem Erfahren der Raumhaftigkeit fängt die Zeit an für uns zu arbeiten, weil wir die Ewigkeit nicht vergessen und die Gesetzmäßigkeiten staunend erahnen, nach denen sich die Dinge in der Zeit entwickeln. Und Geduld ist eine der Verwirklichungen dieses Erfahrens.

Lernen

Das Wort Disziplin kommt aus dem Lateinischen. Discipulus heißt Schüler. Es geht also um die Bereitschaft immer und immer wieder neu zu lernen. Das betrifft unser Innenleben wie unsere Beziehungen und unser Verhalten in unserem Umfeld. Wir können nie behaupten, dass wir mit Lernen fertig seien, alles wüssten und keine Fehler mehr machen könnten. Vielleicht erscheint uns dieses lebenslange Lernen manchmal mühsam, aber es bereitet auch viel Freude und Spaß, weil auf diesem Weg so viel entdeckt werden kann. Dieses Lernen ist nicht nur ein Lernen des Intellekts, sondern auch und ganz wesentlich die ständige Bereitschaft bisher noch nicht Integriertes zu integrieren.

Wenn wir dazu bereit sind und bereit sind Ordnung zu schaffen, erkennen wir, dass wir Dinge in die eigene Hand nehmen und Verantwortung für unser eigenes Denken und Handeln übernehmen können.

Mein persönlicher Ansatz ist, bei den Menschen, mit denen ich arbeite, immer wieder etwas anzuregen, das sie dahingehend unterstützt, Selbstverantwortung zu übernehmen, um das WIR und die eigene Individualität in diesem WIR mehr und mehr zu entdecken und zu entwickeln. Jeder muss selbst Einblick in seine Buddhanatur und den eigenen inneren Raum haben bzw. im Laufe der Zeit erlangen. Wenn wir uns nicht um unsere Selbstverantwortung kümmern, geschieht auch hier Entfremdung. Dann spalten wir etwas von uns selbst ab und konsumieren stattdessen oder projizieren die Verantwortung für unser Wohlergehen nach außen.

Hilfreich ist

Um diese Disziplin zu entwickeln, ist es besonders wertvoll, jemanden zu haben, der uns dabei unterstützt: der Partner, ein Lehrer, ein Therapeut, oder auch nur jemand, der uns persönlich ein paar Schritte voraus ist, so wie etwa ein erfahrener Bergführer. Vertrauen wir uns einem solchen Bergführer an, sollten wir auch auf ihn hören. All die Lawinenunglücke, die es in letzter Zeit gab, sind meist auf viel Dummheit zurückzuführen, weil die Menschen nicht auf die Bergführer gehört haben. Das Schlimme daran ist, dass sie sich nicht nur selbst in Gefahr bringen, sondern auch die Rettungsmannschaft. Auch das ist ein Aspekt des WIR. Wenn wir nicht für uns selbst Verantwortung übernehmen und achtgeben, können wir auch andere Menschen in Gefahr bringen. Wenn wir aber einen Menschen finden und ihm vertrauen, der im übertragenen Sinne ein guter Bergführer ist, dann ist das ein großes Geschenk, weil er uns lehren und führen kann und wir dadurch große Unterstützung erhalten.

Impulse, Tipps und Übungen

Finden Sie die großen Steine, die Sie als Erstes in das Glas Ihres Lebens legen wollen.

Staunen Sie über die natürliche, fließende Ordnung in der Natur. Davon können wir immer lernen.

Do it yourself

Welche Ordnung wünschen Sie sich? Was bedeutet Disziplin für Sie?

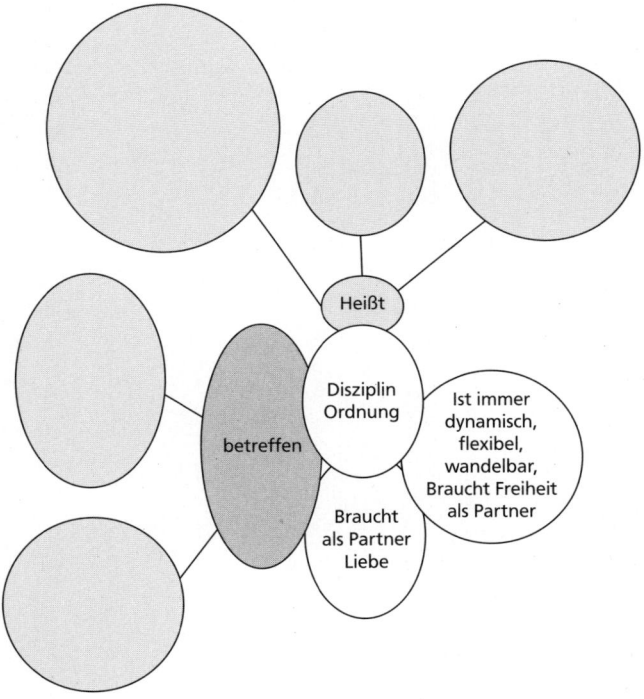

7 **Integration**

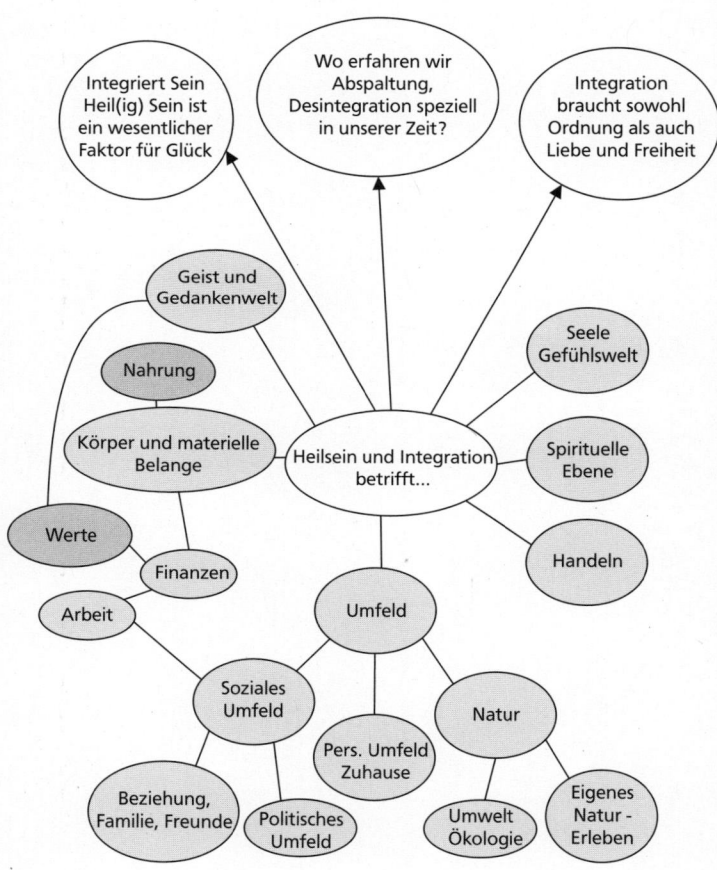

„Mein Geist ist so weit wie der Himmel.

Meine Handlungen sind so fein wie ein Sandkorn."

PADMASAMBHAVA

Integration ist das Thema dieses Kapitels, und ist auch das Herzstück dieses ganzen Buches, denn unsere spirituelle Praxis ist nur dann sinnvoll, wenn wir unsere spirituellen Einsichten in unser Leben integrieren.

Themen und Lebensbereiche, in denen wir in unserer Zeit unter besonders starker Entfremdung leiden und Möglichkeiten, neue Wege in die Verbundenheit zu finden, haben wir schon ausführlich behandelt. Im Folgenden werde ich noch kurz auf die verschiedenen Ebenen menschlichen Seins eingehen, in denen wir diese Verbundenheit in und um uns leben können.

Um die verschiedenen Aspekte des Seins im Sinne des WIR in seiner Komplexität als Indras Netz begreifen zu können, müssen wir die unterschiedlichsten Seiten des Lebens integrieren: Unsere emotionale, körperliche, materielle, geistige und spirituelle Ebene, aber auch unsere Beziehungen, unser Umfeld, bis hin zur Ökologie. Und: Im unendlichen Mandala des Raumes haben all diese Ebenen leicht Platz. Sie haben leicht Platz und da ist immer noch Weite.

Emotionale, seelische Ebene

Das ist ein weites Feld und ich kann im Folgenden daher nur wenige Aspekte beleuchten.

Emotionen sind zunächst die natürlichen schnellen Reaktionen unseres Systems auf Reize von außen. Oft wird uns eine Emotion erst im Nachhinein bewusst, so schnell ist sie. Als solche sind sie überaus wertvoll und wir müssen ihnen Raum geben. Auch unangenehme Reaktionen erfüllen einen Zweck. Angst befähigt uns z.B. sehr schnell wegzulaufen, und das kann manchmal sinnvoll sein.

Ich bin sicher, dass es auch hier eine grundlegende Gutheit gibt. Allerdings sind viele der Emotionen, die wir erfahren, veraltet oder „leicht angeschimmelt". Das nennt der Buddhismus gestörte Emotion. Die Herausforderung stellt sich dann, diese Emotion vom Schimmel zu befreien und wieder an ihre ursprünglich gute Intention heranzukommen. Wir müssen uns fragen, was will diese Emotion für mich und fürs Ganze ursprünglich Gutes erreichen? Die Antworten darauf sind oft verblüffend. Und häufig gelingt es in der Folge intelligentere Möglichkeiten zu finden, dieses Gute zu verwirklichen, als zum Beispiel durch die eingespielte Zorn-Reaktion.

Mit Emotionen wird sehr viel gearbeitet, und leider werden unsere emotionalen Reaktionen oft missbraucht.

In einem Satsang neulich wurde von Besuchern das Thema wirksamer Methoden in Werbung, Wirtschaft und Psychologie angesprochen. Dabei ging es um Werbung, aber auch um Techniken wie NLP, die meines Erachtens sehr effizient sind, aber auch leicht missbraucht werden können. Es ist fragwürdig und geradezu unverantwortlich, dass solche Techniken ohne kompetente Ausbildungen auf dem Markt angeboten werden. Im Vergleich dazu braucht man für jedes Antibiotikum ein Rezept von einem Arzt, der sechs Jahre Medizin studiert hat und eine überprüfbare staatliche Lizenz besitzt. Ob er deswegen ein guter Arzt ist, steht auf einem anderen Blatt. Aber für Methoden, durch die man in das Gehirn eines anderen Menschen eingreift, braucht man teilweise weder eine sechsjährige Ausbildung noch ein Rezept. Jeder, der ein Buch über NLP gelesen hat, kann anfangen, es einzusetzen und an seinen Mitmenschen herumzuschrauben. Wir überschätzen also auf der einen Seite unsere eigene geistige Kraft immens und sind sehr intellektualisiert, und gleichzeitig wertschätzen wir diese Kraft überhaupt nicht, sonst würden wir nicht so an uns herumpfuschen lassen. Ein Antibiotikum hat vielleicht weniger Nebenwirkungen als NLP. Als mir dies in seiner Tiefe bewusst wurde, habe ich neu verstanden, warum in bestimmten spirituellen Traditionen tiefes geistiges Wissen und machtvolle Instrumente im wahren Sinne esoterisch, also geheim gehandhabt werden. Dabei werden solche sehr effizienten Methoden nur direkt von Lehrer zu Schüler vermittelt, wobei der Lehrer qualifiziert und der Schüler reif für diese Methode sein muss.

Zwei Aspekte sind mir noch für die emotionale Ebene wichtig:
Die Herausforderung ist wie so oft, eine gesunde Balance zu finden. Wenn wir Emotionen unterdrücken, gewinnen sie zwangsläufig im Untergrund an Kraft und werden früher oder später mit umso größerer Gewalt hervorbrechen. Wenn wir Emotionen wahllos ausleben, können wir viel Schaden für uns und andere anrichten. Gefühle wollen zunächst einfach gefühlt werden. Und das geschieht in uns selbst. Heilsam ist immer Bewusstheit – das einfache Gewahrsein. Wir müssen nicht über jedes Gefühl nachdenken oder es analysieren, aber wir sollten der Bewusstheit erlauben, es zu erleuchten. Danach können wir entscheiden ob und in welcher Form wir die Emotion ausdrücken wollen.

Manchmal geben wir heute Emotionen zu viel Bedeutung und glauben dann, dass die Emotion eine objektive Aussage über die Wirklichkeit erlaube. Wir sagen dann z. B. als Argument in einer Diskussion: „Für mich fühlt es sich so oder so an…". Emotionen sind jedoch höchst subjektiv und sehr wechselhaft.

Körperliche und materielle Ebene

Unsere Körper sind sterblich, und sie sind ein Wunderwerk der Schöpfung. Wie alles andere sind sie eine momentane strahlende Manifestation des immer gleichen Bewusstseins. Genauso verhält es sich mit allem was wir in der äußeren Welt besitzen. Wir können nichts auf Dauer behalten, und was wir besitzen, dürfen wir in Freude genießen als genau diese freudige Inkarnation des Göttlichen.

Es ist gut, sich dessen zu erinnern, wenn Sie mit Ihrem Körper umgehen oder wenn Sie über Ihr Bankkonto oder über Anschaffungen nachdenken.

Wir leben gerade in einer Zeit steigender Arbeitslosigkeit und wirtschaftlicher Unsicherheit, was uns ein Gefühl von Enge beschert. Da ist es wichtig, sich der Weite zu entsinnen. Denn im unendlichen Mandala des Raumes ist für uns alle Platz. Wir haben leicht Platz und da ist immer noch Weite. Allerdings sollten wir nicht in diesem Besinnen stehen bleiben, sondern uns im Bewusstsein der Weite ganz pragmatisch und mit Klarheit den anstehenden Problemen widmen.

Auch ich muss wegen dieser Wirtschaftskrise genauer rechnen, aber Angst habe ich nicht. Leichtsinnig bin ich aber auch nicht. Natürlich frage ich mich zwischendurch, wie ich das Schiff auf Kurs halten kann. Und es kann vorkommen, dass ich mir bei solchen Überlegungen Hilfe hole und zum Beispiel einen Coach frage, wie ich mit bestimmten Situationen umgehen kann. Diese Unterstützung genieße ich sehr, weil ich dann schon wieder ganz praktisch in diesem WIR, in dieser Vernetzung bin.

Geistige Ebene – Die eigenen Systeme kennen

Die Erkenntnisse der Neurophysiologie sind sehr hilfreich, um unsere eigenen geistigen Systeme kennenzulernen. Wenn ich weiß, wie mein Geist funktioniert, habe ich die Freiheit Konditionierungen und Programme zu verändern.

Eigentlich braucht es viel weniger um zufrieden zu sein als wir denken. Aber häufig sind es eben die eigenen Systeme, die uns von der Zufriedenheit abhalten. Also ist es sinnvoll, diese Systeme so gut als möglich zu kennen.

Wir müssen uns auch vergegenwärtigen, dass unser individueller menschlicher Geist über zehntausende von Jahren eine evolutionäre Entwicklung erfahren hat und sich weiterentwickeln wird. Dieser Gedanke verhilft uns zu Dankbarkeit und Respekt – auch gegenüber dem Geist, selbst wenn er uns manchmal mit seinen Dummheiten und Neurosen quält. Denn im Grunde ist er gut, so wie alles und jeder grundlegende Gutheit hat und daraus lebt. Ich bitte Sie, diesen Gedanken präsent zu halten, während Sie den weiteren Ausführungen über den Geist folgen.

Unser Geist hat verschiedene Ebenen, wobei jede Ebene eine unterschiedliche Wirkungsweise besitzt und alle Ebenen einem bestimmten Zweck dienen:
Wie bereits im ersten Kapitel beschrieben, gibt es den Raum des Geistes, die klare Natur des Geistes, in dem alle geistigen Prozesse vorgehen. Das ist die übergeordnete Ebene, in der wir nicht mehr Individuen sind, sondern am großen Geist teilhaben. Eine weitere Ebene ist die des intelligenten Geistes, des kreativen Geistes, der sich schöpferisch mit einer bestimmten Thematik beschäftigt. Und es gibt die Ebene des konditionierten Geistes. Dort sind alle Programme abgelegt, die „vollautomatisch" für einen reibungslosen Ablauf unseres Lebens sorgen sollen. Auch diese Ebene des Geistes dient uns, denn sie ist dazu angelegt, das Leben einfacher zu machen. Wir müssen nicht jedes Mal neu über längst gelernte Abläufe nachdenken. Aber wir werden natürlich auf dieser Ebene mit unseren eigenen Grenzen und Programmen konfrontiert. Auf dieser Ebene wirkt sehr vieles von dem, was wir uns selbst beigebracht oder von anderen übernommen haben. Hier tauchen die meisten Probleme auf, weil hier alle Verletzungen abgespeichert sind und alle Strategien, die wir entwickelt haben, um diese Verletzungen nicht mehr zu spüren, sie künftig zu vermeiden, oder mit ihnen umzugehen. Dann betrachten wir auch noch die instinktivere Funktionsebene des Geistes, die wir seit Jahrtausenden von unseren Vorfahren ererbt haben. Hier wird es sehr mühsam, etwas zu ändern. Ich sprach in diesem Buch schon öfter vom „Jungsteinzeithirn". Natürlich stammen viele unserer Verhaltensweisen noch aus der Zeit als wir als Jäger und Sammler in kleinen

Horden durch die Lande zogen – ständig bedroht von Hunger und wilden Tieren. Und wir haben sogar noch Anteile des Reptiliengehirns, in dem grundlegende Lebensvorgänge gesteuert werden. Auch vor dieser Ebene müssen wir meines Erachtens Respekt haben. Ich stehe immer wieder staunend vor dem Wunder der Evolution des Bewusstseins. Selbst wenn uns moderne Menschen des 21. Jahrhunderts unser Jungsteinzeitprogramm des Feuersteinsammelns ärgert, müssen wir zum einen anerkennen, dass dieses Programm uns auch heute noch beeinflusst, dass es uns zum anderen aber ganz schön weit gebracht hat.

In dem Moment, in dem ich mir einer Tatsache bewusst werde und ich hinter den Schein schaue, entsteht eine Lücke. Sie mag sich im ersten Moment unangenehm anfühlen, aber gleichzeitig birgt sie auch einen Raum von Freiheit, indem ich Dinge überprüfen, beibehalten, verwerfen oder etwas Neues aufnehmen kann. Wenn wir die verschiedenen Programme, die auf den jeweiligen Ebenen wirken, kennen, können wir viel besser damit umgehen. Und wir können auch darüber lachen, wenn wir merken, dass ein solches Programm wieder aktiv wird und zuschlägt. Natürlich werden wir nie alle diese Programme im Einzelnen kennen und beherrschen, aber ich glaube, dass wir ein Bewusstsein dafür entwickeln können, dass wir zumindest merken, wenn wir auf ein nicht mehr aktuelles Programm hereinfallen – stamme es aus der eigenen Kindheit oder aus der Steinzeit. Und sobald wir dies bemerken, können wir innehalten und lachen. Im Lachen löst sich der Bann!

Die meiste Zeit agieren, reagieren und funktionieren wir Menschen aus einer Konditionierung heraus, und bestimmte Gedanken, Gefühle und Handlungen folgen wiederum daraus. Aber in dem Moment, in dem ich innehalte und mich zurückwende, betrachte, aus welcher Konditionierung heraus ich gehandelt habe, kann ich stoppen und schauen, warum ich so handle. Dieses Zurückschauen und Wahrnehmen geht mit kontinuierlicher Übung zunehmend schneller und wird immer leichter. Das ist der Segen der Bewusstheit. Meditation ist der Königsweg um Bewusstheit zu üben.

Als Beispiel hierzu greife ich noch einmal das Thema der Informationsüberflutung auf. Inzwischen wissen Sie, dass unsere Gier nach mehr Information unter anderem auf einem „Steinzeitprogramm" beruht, das uns – damals richtig, heute nicht mehr adäquat – sagt: „Du musst immer, wenn du verwirrt bist, mehr Information sammeln". Wenn Sie also morgen wieder von Informationen und E-Mails überflutet werden und schon ganz wirr davon im Kopf sind, dann haben Sie, weil Sie dieses alte Programm verstanden haben, die Freiheit innezuhalten und sich bewusst zu werden: „Moment mal, ich bin verwirrt, weil ich *zu viel* Information im Kopf habe, *nicht* weil ich zu wenig Information habe." Das wiederum ermöglicht Ihnen, dem Impuls weiter im Netz zu surfen oder noch jemanden zu einem Thema zu befragen, zu widerstehen. Denn sobald wir Bewusstheit in etwas hineinbringen, hat dieser bewusste Gedanke mehr Kraft als das unbewusste Programm. Sie können sich jetzt also zurücklehnen und erst einmal über dieses altmodische Programm schmunzeln. Und Sie können es diesmal anders machen und damit eine neue Gewohnheit schaffen: Sie können sich der Weite, des Raumes, der klaren Natur des Geistes erinnern und dann wieder mit klarem Blick Ihre anstehende Aufgabe betrachten. Sie werden feststellen, dass Sie klarer im Kopf sind, weniger Zeit und weniger Information brauchen als Sie dachten.

Je enger wir mit dem Gewahrsein in Kontakt kommen, desto mehr merken wir, dass wir nicht so viel Informationen benötigen, wie wir immer gedacht haben. Dasselbe gilt, was unsere Erforschung des Geistes selbst angeht. Darüber hinaus werden wir sowieso nicht in der Lage sein, unseren Geist vollkommen zu erforschen und alle Konditionierungen zu entlarven. Wer könnte von sich selbst schon sagen, er wäre vollkommen durchanalysiert? Auch hier können wir viel früher als wir denken mit dem zufrieden sein, was uns über uns selbst bewusst wird. Statt immer wieder weiter zu suchen und zu analysieren, können wir das, was uns bewusst wird, wie Kompost verwenden und etwas Gutes daraus machen. Selbst dann, wenn es zunächst nur stinken sollte. Denn in dem Moment, in dem in gleich welchen Lebensbereich Bewusstheit hineinkommt, kommen auch die Freiheit, Freude und der Frieden in unser Leben. Und mit dieser Freiheit besteht auch immer die Möglichkeit, etwas zu verändern.

Spirituelle Ebene

Jeder kann nur für sich selbst schauen, dass er zufrieden wird. Aber simultan müssen wir immer wieder in Verbundenheit mit dem WIR nach einem Weg zum Glück suchen. Sehr schön finde ich die Geste im tibetischen Buddhismus, die spirituelle Praxis dem Wohl aller Wesen zu widmen. Für mich macht es einen großen Unterschied, ob ich mich hinsetze und eine spirituelle Praxis durchführe, damit es mir besser geht, oder ob ich mich hinsetze, damit es a) mir besser geht und b) ich meine spirituelle Praxis dem Wohl des Ganzen widme. Das ist ein sehr schöner Ansatz, absolut einfach und sehr sehr alt. Wenn wir dahin kommen, die Freude des Einfachen zu erkennen und zu wissen, dass jeder Einzelne, der zufrieden wird, eine Entlastung für das Ganze und zum Wohl des Ganzen ist und für das Wohl des Ganzen mit sorgt, dann verliert Spiritualität die Arroganz und Egozentrik, die sonst eine große Gefahr darstellen.

Viele Menschen in der spirituellen Szene haben damit aber noch Schwierigkeiten und Missverständnisse, beschäftigten sich daher viel zu sehr mit sich selbst und wohnen auf selbst erdachten Inseln der Glückseligkeit. Denn Themen wie Wirtschaftskrise, Ökologie, Krieg, Arbeitslosigkeit und Krankheit lösen Angst aus, sie werden vermieden, so als wären sie eine Bedrohung für diese Inseln. Wenn ich solche Menschen frage, wie sie mit der aktuellen Situation umgehen oder wie sie damit klarkommen, behaupten sie, dass alles so okay ist, wie es ist. Für mich aber ist spürbar, dass ich diese Antwort nur bekomme, weil ihre Angst viel zu groß ist, sich ganz konkret mit der eigenen Situation auseinanderzusetzen oder mit den Folgen der globalen Wirtschaft und ökologischen Lage für das eigene Leben. Daher ist es so wichtig, das Bewusstsein des WIR und des Netzes Indras zu stärken.

Aber ich bin mir sicher, dass jeder Mensch gerne liebt. Ich habe bislang niemanden getroffen, bei dem es nicht so ist. Wenn ich bei Menschen auf Gleichgültigkeit treffe, spüre ich oft, dass Angst oder Hilflosigkeit dahinter stecken und sie deshalb lieber in die Dumpfheit der Gleichgültigkeit flüchten als diese Angst oder Hilflosigkeit zu fühlen und zu integrieren. Sie brauchen dann eine Ermutigung zu lieben.

Manchmal sind wir auch im Bereich der Spiritualität von der Flut an Weisheitsquellen und Literatur schlicht überfordert. Noch nie war so unmittelbarer Zugang zu so vielen verschiedenen spirituellen Quellen möglich, und ich glaube, es ist einfach zu viel. Wir haben über das Internet oder den Buchhandel Zugang zu sämtlichen Geheimlehren und Heiligen Schriften, sind aber oft nicht in der Lage, ihren Inhalt in der Komplexität zu verstehen, geschweige denn in unser Leben zu integrieren.

Daher versuche ich bei meinen Schülern auch immer, zu schnelle spirituelle „Erfolge" zu vermeiden, weil ich nicht an die Beständigkeit solcher schnellen „Erfolge" glaube. Denn solange diese Erfolge nicht wirklich integriert sind, haben sie keine Basis. Ich machte einmal ein Experiment in einem Retreat und habe alles ein wenig angeschoben, so dass viele Teilnehmer Satoris erlebten. Sie waren begeistert, ich dagegen überhaupt nicht, weil dieses Erleben in der Folge für die meisten nicht haltbar war. Instant Enlightenment hat sich im Leben nicht bewährt, und deshalb gefällt es mir nicht. So habe ich dieses Experiment wieder aufgegeben. Jetzt beobachte ich schönes, gesundes Wachsen in meinen Retreats.

Umfeld und Beziehungen

In Indras Netz ist jede Perle mit anderen Perlen verbunden, aber von uns als Mensch und Individuum hat keiner beliebig viele Beziehungsarme, die er aktiv gestalten kann. Hier überfordern sich viele Menschen. Sie haben den Anspruch, mit vielen Menschen gleich intensive Beziehungen führen zu müssen. Auf meine Frage in einer Gruppe, wie viele Beziehungsarme die Einzelnen haben, gaben die meisten der Befragten an, dass sie circa zehn aktive Beziehungen pflegen können. Ich denke, dass das eine realistische Zahl ist. Partnerschaft, Kinder, Eltern, Geschwister, einige gute Freunde, vielleicht ein Hund oder eine Katze – wenn diese Beziehungen wirklich gepflegt werden, dann ist an aktiven Beziehungen nicht mehr viel drin, wenn wir uns nicht überfordern wollen. Ich selbst stehe mit sehr vielen Menschen in Beziehung, aber das hat sehr wohl graduelle Unterschiede. Mein Mann zum Beispiel stört mich nie. Was auch immer ist, er kann immer zu mir kommen. Das gestehe ich sonst niemandem zu. Die Menschen, die mir dann am nächsten sind, sind meine Mitbewohner und dann einige Freunde. Natürlich pflege ich Beziehungen zu meinen Schülern und meinen Patienten, aber diese Beziehungen haben eine andere, eine ganz eigene Qualität. Aber viele meiner Verbindungen finden auf der Ebene von Bekanntschaften statt. Ich betrachte das auch als völlig normal. Wir müssen ja auch mit unserer Kraft haushalten. Als einzelner Mensch können wir nur ein gewisses Maß an Zeit und Bindungsfähigkeit zur Verfügung stellen. In diesem Kontext muss ich auch mein Wirken innerhalb der Beziehungen und auch innerhalb Indras Netz bedenken, denn jede Begegnung und jede Beziehung wirkt. Wenn ich eine gute intensive Beziehung zu einem Menschen führe, der selbst ja wiederum mit anderen Menschen in Beziehung steht, dann fließt unser Beziehen letztlich in Indras Netz in seiner Gesamtheit ein. Der Glaube oder die Behauptung, man könnte mit 50 Menschen eine tiefe Beziehung führen, ist Illusion. Ich habe gehört, jeder kenne jeden auf diesem Planeten um fünf Ecken herum. Deshalb müssen wir nicht alle Menschen persönlich kennen und persönliche Beziehungen zu ihnen pflegen. Wenn wir wissen, dass wir uns hier nicht überfordern müssen, ist das schon hilfreich. Wenn jemand nur vier Beziehungsarme hat und weiß, dass dies vollkommen in Ordnung ist, dann kann er sich in diesem Wissen entspannen und vier wundervolle Beziehungen pflegen, ohne ein Gefühl von Mangelhaftigkeit zu haben.

Erinnern Sie sich noch an die Zeit, als wir Adressen und Kontakte meist in einen kleinen Kalender schrieben? Am Jahresende mussten wir alle Kontakte und Telefonnummern von Hand in den neuen Kalender übertragen. Dabei ergab sich eine natürliche Auswahl, denn man überlegte bei jedem Kontakt, ob er noch aktuell ist und das Abschreiben lohnt. Heute speichern wir Adressen einfach, und es werden immer mehr Kontakte, die wir glauben pflegen zu müssen. Jetzt haben wir umgekehrt Arbeit und Aufwand um diese Kontakte wieder zu löschen. So werden sie mehr und mehr und mehr. Das kann, ohne dass wir es zunächst bewusst wahrnehmen, ein latentes Gefühl von Überforderung, ja sogar der Vernebelung auslösen. Mein Rat: Wirklich regelmäßig ausmisten! Solch kleine Dinge wie unser Handy oder unser E-Mail-Programm auf dem Computer haben eine große Wirkung, die wir nicht unterschätzen dürfen. Und ich erlebe häufig mit Freude, dass Menschen sich entspannen, wenn sie merken, dass es gar nicht so viel braucht. Es geschieht immer Entspannung, wenn jemand sagen kann: So viel braucht es nicht! Das gibt Raum. Dann kann man an anderer Stelle auch mal sagen: Hier bräuchte es vielleicht wirklich etwas mehr.

Inzwischen mag ich nicht mehr so schnell „Per Du" mit einem anderen Menschen sein. Gerade in Arbeitsverhältnissen habe ich gelernt, dass ein zu schnelles „Du" zu einer ungesunden Rollenvermischung geführt hat. Wir im deutschen Sprachraum haben die Möglichkeit der Unterscheidung zwischen Sie und Du, was wohl seinen Sinn hat. Die Gegebenheit unserer wechselseitigen Verbindung und der gleichen Wichtigkeit aller Wesen in Indras

Netz heißt ja noch lange nicht, dass ich als Individuum mit allen eine gleichwertige, freundschaftliche oder intime Beziehung führen muss. Ich kann mir ohne Weiteres Zeit lassen, meine Position in einer Beziehung zu finden, egal ob sie auf beruflicher oder privater Ebene basiert.

Durch das schnelle Du glauben manche Menschen einen Freibrief zu erhalten, Sach- und Beziehungsebenen zu vermischen mit dem Argument: „Wir sind doch alle eins." Und für mich ist es sogar eine Art des Übergriffs, zu glauben einen guten Ratschlag auch dann geben zu dürfen, wenn man sich noch nicht gut kennt oder nicht danach gefragt wurde.

Natürlich sind wir verbunden, und gleichzeitig darf man sich auch das Recht nehmen, Distanz zu anderen zu halten und seine Intimität zu wahren. Schließlich ist da ja unendlich viel Raum. Wenn wir uns Indras Netz vorstellen, dann gibt es Perlen, die sind sehr nah zusammen und stehen auch in einer direkten Wechselwirkung zueinander. Es gibt lange Fäden, es gibt kurze Fäden. Es gibt Leute mit vielen Fäden, welche mit wenigen Fäden. Und alle diese verschiedenen Perlen mit all den verschieden langen Fäden braucht es in Indras Netz genauso wie es ist.

Auch im eigenen Umfeld passiert viel Abspaltung, sodass auch hier viel Integration nötig ist. Zum Beispiel ist es schwer in einer vollkommen unaufgeräumten Wohnung oder in einem völlig chaotischen Zimmer zu meditieren. Das kann nicht gut gehen, weil der Raum auf den Menschen und seinen Geist rückwirkt. Im Zen-Buddhismus wird aus diesem Verständnis heraus sehr für Ordnung gesorgt, weil davon ausgegangen wird, dass eine klare Umgebung einen klaren Geist begünstigt. All unser Handeln sollte möglichst stimmig sein mit unseren spirituellen Einsichten. Das Gleiche gilt natürlich auch im Umgang mit den Menschen in unserem engen Umfeld. Ich kann nicht in ein hochspirituelles Retreat gehen und am Tag danach meinem Arbeitgeber oder Kunden gegenüber total unethisch handeln. Ich kann nicht auf dem Meditationskissen tief in die allumfassende Liebe eintauchen und mich 20 Minuten später mit meinem Mann lieblos zerstreiten. Da ich in meiner Arbeit immer wieder sehe, wie schwer Menschen diese Integration oft fällt, ist es mir immer wieder sehr wichtig aufzuzeigen, dass alle Aspekte in unserem Umfeld und in unserem Leben zusammenhängen. Erst an unseren Gedanken und unseren Taten spiegelt sich wider, inwieweit es uns gelungen ist, Einsichten zu integrieren und wie sehr wir das WIR und das Gewahrsein wirklich verinnerlicht haben. Wenn wir begreifen, dass jeder unserer Gedanken, jede unserer Handlungen eine Bedeutung und eine Wirksamkeit im WIR haben, können wir allem und jedem mit größerer Aufmerksamkeit und Anteilnahme begegnen.

Umwelt und Ökologie

Wenn sie das Wort Ökologie hören, kommen vielen Menschen sofort die großen, globalen Themen in den Sinn. Dabei vergessen wir aber, dass Ökologie bereits im Kleinen beginnt, und zwar hier und jetzt bei uns selbst. So sollten wir uns immer wieder fragen: Habe ich darauf geachtet, Energie zu sparen? Ist mir beim Einkaufen bewusst, dass ich mit all der Verpackung zu vielem Müll beitrage? Muss ich wirklich jeden Tag mit dem Auto alleine zur Arbeit fahren? Habe ich den Gehweg vor meinem Haus gekehrt? Wir können uns nicht um die große umfassende ökologische Rettung der Welt kümmern, wenn wir nicht bei uns selbst anfangen. Wie im Kleinen so im Großen.

Auf meiner Reise durch Laos und Vietnam bin ich dem Fluss Mekong begegnet, und nie zuvor in meinem Leben habe ich einen Fluss so intensiv erlebt wie dort. In Laos bin ich primär am Mekong gereist, an seinen Ufern entlang und auf Fähren und Booten auf ihm. Der Mekong ist ein sehr spezieller Fluss, allein schon deshalb, weil er einer der längsten Flüsse der Erde ist. Er fließt durch viele Länder und stellt für die Bewohner an seinen Ufern die Lebensader und Lebensgrundlage dar. Der Mekong trägt alle, weil er nach wie vor den Großteil des Verkehrs transportiert. Dieser Fluss ist von den Jahreszeiten abhängig und führt bedingt durch den Monsun unterschiedlich viel Wasser. Er überschwemmt die kleinen Felder an seinen Ufern, wodurch das Schwemmland sehr fruchtbar ist. Die Menschen pflegen diese Felder liebevoll. Viele Fische leben im Fluss und ernähren die Anwohner. Es gibt sogar Delphine. Das ganze Leben spielt sich auf, in und um diesen Fluss ab. Dies verdeutlicht, dass Flüsse und Wasser in diesem WIR eine ganz wesentliche Bedeutung haben. Der Fluss ernährt alle Wesen, die an ihm leben. Der Fluss, die Menschen, die Fische und alle anderen Wesen leben hier in einer sehr offensichtlichen und direkten Verbindung mit- und Abhängigkeit voneinander.

Wie gesagt, hat jede Zeit ihre Herausforderungen, und jetzt haben wir unter anderem das Problem, dass Ressourcen wie Wasser und Erdöl langsam zu Ende gehen. Deshalb sind wir besonderen Herausforderungen ausgesetzt. Jeder von uns kann sein kleines Scherflein dazu beitragen, diese Herausforderungen zu lösen.

Ich weigere mich seit zehn Jahren, in einem südlichen Land ein Retreat zu veranstalten. Warum soll ich 100 Leute in ein Flugzeug stecken und damit die Umwelt verschmutzen? Es reicht doch, wenn wir ein Retreat hier in Deutschland, Österreich oder Holland jeweils vor Ort machen. Viel ökologischer ist es doch, wenn wir den Geist dahingehend schulen, offen für das WIR und für die Raumhaftigkeit zu sein. Dazu brauchen wir nicht an einem Retreat in Italien teilzunehmen, sondern es reicht, wenn wir in diesem Moment darauf achten, ob die Amsel, die auf dem Baum sitzt, einen Platz in unserem Bewusstsein hat. Hat die Amsel jetzt gerade bei Ihnen einen Platz im Bewusstsein? Manchmal hören wir die Amsel nicht. Dann müssen wir uns wieder für sie öffnen und wieder in die Haltung der Aufmerksamkeit zurückgehen. Diese Haltung aufrechtzuerhalten ist natürlich schwierig, wenn ich den ganzen Tag in einem Großraumbüro im Kunstlicht sitze. Da braucht es schon sehr viel Disziplin, sich das WIR immer wieder vor Augen zu halten.

Immer bin ich Teil in einem Geflecht und muss verantwortlich und antwortend und verbindlich sein in diesem WIR und mit den anderen korrespondieren. Dazu brauchen wir Bewusstheit. Ich glaube nicht, dass wir da mit rein politischen Programmen weiterkommen. Wir kleben sonst nur immer Pflaster auf einen Riss, woraufhin der Riss zwei Meter weiter wieder erscheint. Ein echtes tiefes und wirksames Gefühl von Verantwortlichkeit entsteht erst dann, wenn wir das Wunder von Indras Netz immer tiefer erfahren und begreifen. Wenn Sie sich empfinden können, und zwar nicht theoretisch, sondern wirklich empfinden und begreifen können als ein Wesen in Indras Netz, dann bin ich sicher, dass Sie manche Dinge nicht tun können und manche Dinge vermehrt tun werden. Sie werden dann sicher die heilsamen Dinge vermehrt tun und die unsinnigen Dinge weniger. Das klingt und ist sehr einfach und es ist sehr wirksam, wie ich aus meinem Erfahren mit mir selbst und mit Menschen in meiner Umgebung weiß.

Postillusionäre Ökologie kommt ohne erhobenen moralischen Zeigefinger daher. Warum? Erhobene Zeigefinger lösen in uns allen ganz natürlicherweise offenen oder verdeckten Widerstand aus und wir ermüden.

Es gibt viel elegantere Methoden unseren Geist, unser Herz und unser Handeln in Einklang mit der Natur zu bringen. Die Basis ist, uns wieder und wieder zu erinnern, wer wir im Innersten sind. Wir sind Natur als Körper, wir sind Klarheit als Geist und wir sind Liebe als Seele. Wenn wir uns dessen gewahr sind und mehr und mehr und tiefer und tiefer gewahr werden, dann ändert sich unser Denken, ändert sich unser Fühlen, ändert sich unser Handeln. Das ist die natürliche Form des Lernens, die natürliche Form der Transformation und des Vernünftig-Werdens. Von innen nach außen geht die Reise. Vom Kern her, der von Hause aus gut, klar und liebevoll ist – und zwar bei wirklich jedem Menschen –, können wir im Lauf der Zeit all die Verunreinigungen, all die Verblendungen, all die Wirrnisse und Lieblosigkeiten, all die Unvernunft klären. Und zwar mit Freude an uns selbst.

Wesentlich für diesen Ansatz ist unsere Fähigkeit zu staunen. Diese Fähigkeit haben wir als Kinder von selbst. Später jedoch lässt sie natürlicherweise nach, denn Bäume, Vögel, Berge haben nicht mehr den einmaligen Überraschungseffekt des Neuen.

Die Erfahrung zeigt uns aber, dass wir uns diese Fähigkeit des Staunens wieder aneignen können, wenn wir lernen, die innere geistige Schiefertafel regelmäßig zu putzen, so dass die Eindrücke der Gegenwart klar und scharf auf ihr erscheinen können, fast als wäre es wieder und wieder das erste Mal – und doch nicht der Kraft der Erinnerung beraubt.

Adressbuch ausmisten

Schauen Sie Ihr Adressbuch in regelmäßigen Abständen durch und überprüfen Sie, ob all die Kontakte wirklich noch aktuell sind. Überlegen Sie sich: Wie viele Beziehungsarme habe ich? Wie viele Beziehungen kann ich überhaupt pflegen, ohne dass sie an Tiefe verlieren? Welche Beziehungen überfordern mich? Welche Beziehungen will ich eigentlich oder welche Menschen drängen mir eine Beziehung auf?

Lachen über innere Programme

Erkennen Sie veraltete innere Programme und lachen Sie darüber. Lachen Sie über innere Programme, wie das Steinzeit-Feuerstein-Sammel-Programm, das uns verführt die 30. Hose zu kaufen, ohne dass wir sie brauchen, sobald es Ihnen auffällt.

Das Lachen bricht den Bann!

Und möglichst viele Gedanken denken, die kreativ, intelligent, freudig sind. Das schafft neue Gewohnheiten im Geist, neue neuronale Verknüpfungen. Wir wissen heute, dass diese Art des Lernens bis ins hohe Alter möglich ist.

Gefühle

Bringen Sie Ihren eigenen Gefühlen Respekt entgegen, seien sie angenehm oder unangenehm. Der Respekt ist zunächst eine Anerkennung des Vorhandenseins dieses Gefühls, ist dann das Fühlen selbst und schließlich im Falle von zerstörerischen Gefühlen die Frage: „Welche ursprünglich gute Motivation führte zu diesem Gefühl? Was will dieses Gefühl *für* mich und *für* das Ganze erreichen?" Und schließlich:

„Gibt es intelligentere oder zeit- und meiner Entwicklung gemäßere Wege dasselbe zu erreichen?"

Jeden Tag etwas schöner machen

Das gehört zu meinen Lieblingsübungen: Jeden Tag irgendetwas verschönern. Jeden Tag die Erde ein wenig liebkosen. Jeden Tag eine Kleinigkeit im Sinne des WIR, des Mitgefühls, der Schönheit und Freude schaffen. Es kann eine Blume sein, die ich jemandem schenke, ein Essen, das ich koche, der Gehsteig, den ich kehre... Wir sind inzwischen mehr als sechs Milliarden Menschen. Stellen Sie sich vor, jeder von uns tut jeden Tag eine Kleinigkeit, die die Erde schöner macht oder ein anderes Wesen erfreut...

Erinnern des Zweifelsfreien Raumes und des Gelingens

Erinnern Sie sich: Im unendlichen Mandala des Raumes haben alle Phänomene leicht Platz. Sie haben leicht Platz und da ist immer noch Weite. Schauen Sie aus dieser Einsicht heraus auf die Welt und entdecken Sie all das, was bereits an Integration in Ihrem Leben gelungen ist. All das, was Sie bereits verwirklicht haben. Freuen Sie sich daran und schöpfen Sie Kraft daraus. Insbesondere wenn uns Zweifel plagen oder Missstände und Probleme bedrängen, ist es hilfreich, immer wieder in den Raum der Zweifelsfreiheit zurückzugehen. Wenn Sie zum Beispiel eine Auseinandersetzung mit Ihrem Partner haben, dann fragen Sie sich und Ihren Partner: „Was ist zwischen uns beiden sicher und zweifelsfrei? Wozu kann ich wirklich stehen?" Danach können Sie viel leichter die anstehenden Aufgaben miteinander lösen.

Do it yourself

Sicherlich fallen Ihnen ganz eigene Aspekte zur Integration ein:

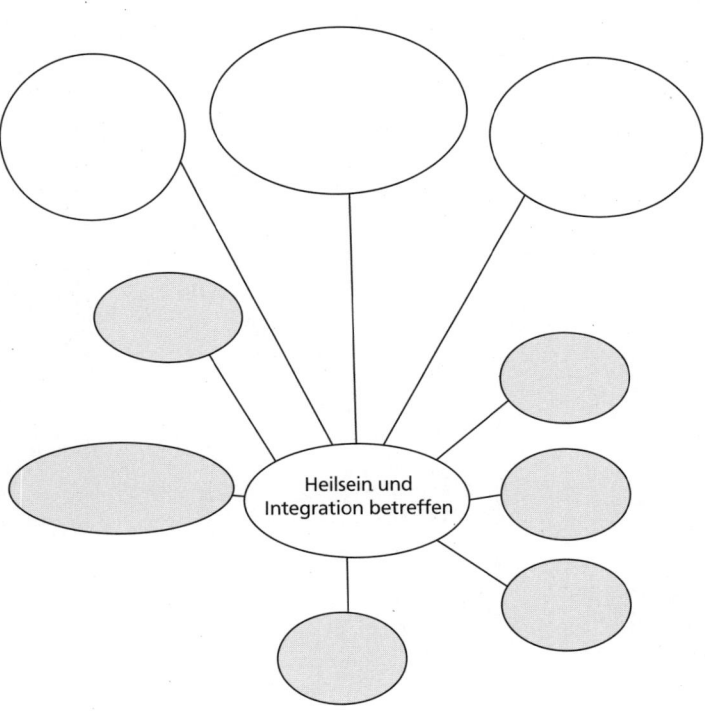

Heilsein und
Integration betreffen

8 **Glück**

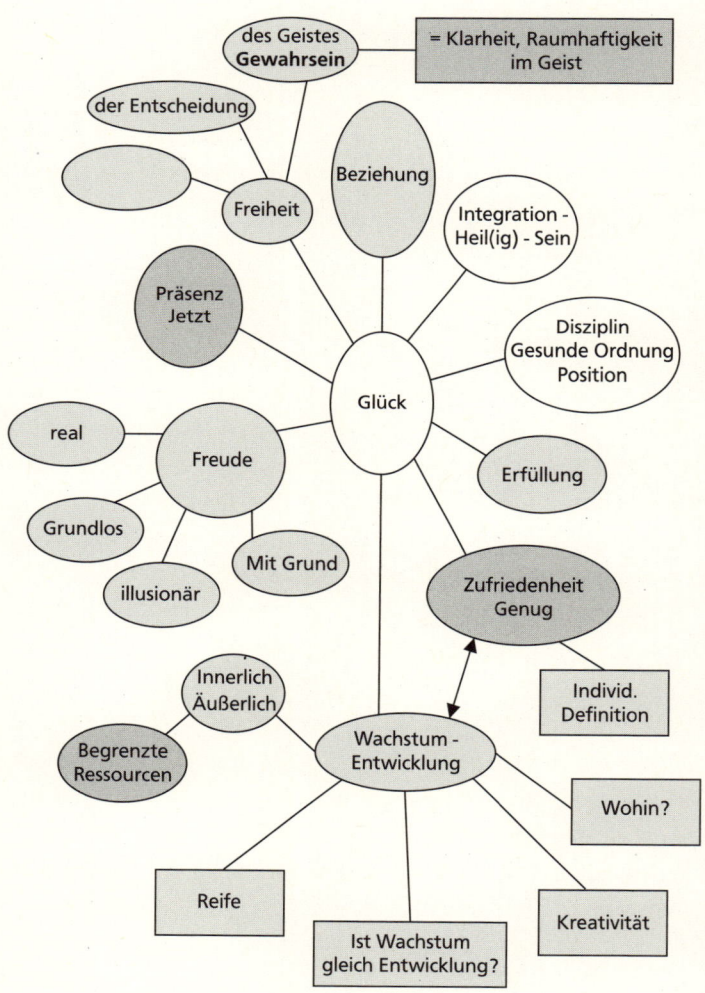

„Glück ist das letzte Ziel menschlichen Handelns."

ARISTOTELES

Natürlich wollen wir alle glücklich sein, und auch Buddhas wollen glücklich sein. Der Dalai Lama sagt, dass der Wunsch nach Glück etwas ist, auf das sich alle Menschen ohne Probleme einigen können, außer jemand ist psychisch schwer krank. Wir streben alle danach, und trotzdem stellen wir uns dabei manchmal erstaunlich dumm an. Um glücklich zu werden, brauchen wir Heil-Sein, Integration, Gewahrsein und eine klare Positionierung des gesunden Ich innerhalb der Verbundenheit des WIR.

Position und Zuhause

Die Vorstellung, dass sich der Mensch zu Lebzeiten ins Nirvana auflösen würde und als Individuum eine solche Positionierung im WIR nicht mehr bräuchte, halte ich für eine Illusion. Und wenn ich die Leben großer Meister betrachte, komme ich zum selben Ergebnis. Ramana Maharshi zum Beispiel hat sich – solange er lebte – nicht ins Nirvana aufgelöst, sondern er hat sehr wohl seine Position und Verantwortlichkeit eingenommen. Für zwei, drei Jahre kurz nach seinem Erwachen war ihm zwar alles egal, einschließlich der Maden, die an seinem Körper fraßen, aber er konnte diese Gleichgültigkeit nicht aufrechterhalten. Nicht, weil er es persönlich nicht gekonnt hätte, sondern weil das Leben es nicht zuließ. Da war zu diesem Zeitpunkt meines Erachtens auch für ihn noch etwas zu integrieren: Das Leben in all seinen Facetten, seiner Farbenvielfalt und Prächtigkeit. Das Mitgefühl des Lebens half Ramana zunächst in Form der Frauen, die ihn fütterten. Sie ließen nicht zu, dass er in seiner Glückseligkeit starb. Ganz normale Frauen, die ihrem Instinkt folgten und ihm Nahrung in den Mund steckten. Diese Frauen gaben uns letztendlich die Möglichkeit, dass wir Ramanas Worte heute lesen können. Wenn sie nicht gewesen wären, wüssten wir nichts von Ramana. Ramana kehrte wieder in das Leben zurück und wurde der Gründer eines Ashrams. Er führte diesen Ashram auf sehr bodenständige Weise, ohne dabei etwas von seiner Weisheit und Glückseligkeit zu verlieren. Und er hat sich um jede Kleinigkeit gekümmert: Die Größe des Kuhstalls, wie viel Chili im Curry sein soll, und ganz wichtig war ihm, dass die Besenkammer aufgeräumt ist.

Erfüllung

Wenn etwas gelingt, erzeugt das ein Gefühl von Erfüllung, was sehr glückhaft sein kann. Diese Erfüllung kann für die unterschiedlichen Menschen ganz Unterschiedliches bedeuten: sexuell, materiell etc. Das Erfahren von Erfüllung ist nicht das Gleiche wie Integration. Mit Erfüllung sind hier mehr die einfachen Dinge gemeint: Eine Form von momentaner Befriedigung, eine Aneinanderreihung von momentanen, gelungenen Momenten. Und ist ein gelungenes Leben nicht eine Aneinanderreihung von gelungenen Augenblicken? Ich persönlich möchte am Ende meines Lebens eine schöne Kette abgeben, auf der all diese gelungenen Momente aufgefädelt sind. Zu diesen Momenten zählen auch die erfüllenden Augenblicke, in denen ich das Wachstum der Kapuzinerkresse in meinem Garten bewundere, ebenso wie der Moment als ich sie säte. Wir sollten die vielen kleinen Momente, in denen uns etwas gelingt, viel mehr würdigen und respektieren. Unser Gelingen muss nicht immer groß sein, auch wenn wir fälschlicherweise oft glauben, dass nur großes Gelingen uns glücklich mache. Statt auf die großen Glücksmomente zu warten, ist es viel besser all die kleinen Momente zu würdigen und sie auf die Kette unseres Lebens aufzufädeln. Das erfüllt uns.

Zurzeit kümmere ich mich um einen zweiten, neuen Garten in meinem Leben. Der erste Garten, von dem auch in meinem ersten Buch „Reise ins Nichts" die Rede ist, ist jedoch in mir nicht verschwunden. Denn all das Gelingen, all das Misslingen, all die

Erfahrungen, die ich mit der Erde und seinen Wesen vor 15 Jahren gemacht habe, haben ihren Platz und sind auf der Kette meines Lebens gut aufgefädelt. Natürlich war es damals ein momentanes Erfahren und gleichzeitig schwingt es jetzt mit und erfüllt mich. Ich glaube, dass das Sich-Erfreuen am Kleinen in unserer heutigen Wegwerfgesellschaft ein wichtiger Aspekt ist. Wir kaufen heute Kleidung und werfen sie nach drei Monaten weg. Nicht, weil sie schon kaputt wäre, sondern weil wir geradezu dazu angehalten werden, all das, was wir konsumieren, bald wieder wegzuwerfen. Und mittlerweile bekommen wir ja auch noch Abwrackprämien.

Diese Tatsache können wir auch auf uns persönlich übersetzen: Wir haben zum Beispiel ein Kind erzogen, einen Garten angelegt, einen Pullover gestrickt, einen Papierflieger gefaltet, der ganz weit fliegen kann, ein wunderbares Essen für uns nahe stehende Menschen gekocht oder den Tisch besonders schön gedeckt, und wir heben es in unserem Geist nicht auf, sondern richten unsere Aufmerksamkeit schon auf das nächste, anstatt zu würdigen und zu genießen, was uns gelungen ist. Deshalb werden wir nicht satt und nicht glücklich. Und uns wird ständig vermittelt, dass zu unserem Glück noch etwas fehlt. Unsere Wirtschaft ist ja auch ganz bewusst so aufgebaut. Tagtäglich vermittelt uns der Mythos vom Wachstum, dass wir für unser Glück noch etwas brauchen.

Wachstum – Entwicklung – Zufriedenheit

Es liegt in unserer Natur, dass wir Menschen für unser Glück so etwas wie Wachstum brauchen. Aber: Was bedeutet dieses Wachstum? Ist Wachstum dasselbe wie Entwicklung? An welcher Stelle kommt hier die Kreativität dazu? In welche Richtung wachsen wir?

Für mich bedeutet Wachsen: Ich möchte lieben, und ich möchte kreativ sein zum Wohl des Ganzen. Der Dalai Lama sagt: Mitfühlende Menschen sind die egoistischsten Menschen dieser Welt, weil sie sicher sein können, dass sie mit ihrer Haltung glücklich werden.

Wachstum in der Liebe und in der Weisheit erfüllt uns. Wachstum im Verstehen unserer selbst und der anderen Wesen erfreut uns. Und dabei gibt es kein Ende der Möglichkeiten des Wachsens und Gedeihens, bis zu unserem Tod.

Genau dies unterscheidet inneres Wachstum und äußeres Wachstum. Da unsere Erde eine definierte begrenzte Kugel ist, ist dem äußeren Wachstum eine Grenze gesetzt. Gerade jetzt stößt die Menschheit schmerzhaft an die Grenzen des möglichen Wachstums, wir erfahren die Begrenztheit der lebenswichtigen Ressourcen und lernen nur sehr mühsam mit dieser Begrenzung umzugehen. Erst langsam wird uns wirklich klar, dass unbegrenztes äußeres Wachstum oder andauerndes Wirtschaftswachstum ein irreführender Mythos ist, und dass wir anfangen müssen neue Konzepte zu entwickeln. Dass das so mühsam ist, ist nicht verwunderlich, denn für uns Menschen mit unserer mehr als 100.000-jährigen Geschichte ist es ein relativ neues Phänomen. Noch vor wenigen hundert Jahren – und wie kurz ist diese Zeitspanne im Angesicht der Evolution unseres Geistes! – schien es endlos Land und Wasser und Bodenschätze zu geben. Lange war es nur eine Frage des Mutes oder des Zupackens, um neue Ressourcen im Außen zu erschließen. Daher glaubt ein Teil unseres Geistes, auf den wir vielleicht manchmal nur schwer bewussten Zugriff haben, immer noch, dass wir im Außen immer weiter wachsen könnten. Auch hier hilft uns nur beständiges Erinnern der Tatsachen, in Gewahrsein und in Mitgefühl für uns selbst. Das wird neue Verknüpfungen in unserem Geist schaffen, die, da bewusst geknüpft, auf Dauer stärker sein werden als diese uralten nicht mehr aktuellen Wachstums-Mythen in unserem Kopf.

Wohin führt Wachstum? Wachstum führt zur Reife. Wir alle möchten wachsen und reifen. Damit das Beste in uns reift, müssen wir manchmal aussortieren. Ein Apfelbaum produziert sehr viele Blüten und sehr viele kleine Äpfel. Zu einem gewissen Zeitpunkt aber merkt er, dass er nicht alle Früchte zur Reife bringen kann, und stößt die überzähligen Früchte ab, um die anderen Äpfel ausreifen zu lassen. Wir brauchen auch so viel Mut wie der Apfelbaum.

Wachstum sollte aber nicht grundsätzlich mit Entwicklung gleichgesetzt werden. Sie haben miteinander zu tun, aber nicht alles, was wächst, fördert die Entwicklung. Und gelegentlich brauche ich für eine Entwicklung eine Pause, ein Null-Wachstum oder sogar ein Schrumpfen. Alle natürlichen Prozesse arbeiten in einem Wechsel von Ausdehnung und Zusammenziehen: Die Atmung, der Herzschlag, sogar das ganze Universum befinden sich in manchen astrophysikalischen Modellen in einem stetigen Prozess von Ausdehnung und Zusammenziehen. Diesem Phänomen kann sich unser Wirtschaftsmodell nicht wirklich entziehen. Abnehmen, wachsen, zusammenziehen, ausdehnen.

Ich könnte mir auch durchaus vorstellen, dass die Menschheit irgendwann mal wieder zahlenmäßig abnimmt. Das gab es schon öfter in der Geschichte. Und das betrifft auch die Wirtschaft. Sie kann auch mal abnehmen und wieder zunehmen. Der Gedanke, es müsse immer nur Wachstum, immer nur Ausdehnung geben, hat einzig mit unserem Ego zu tun.

Wir alle kennen die Heldenmythen, in denen ein Mensch große Schwierigkeiten und Aufgaben meistern muss, um schließlich sein Ziel zu erreichen. Aber was tut der angekommene Held? Ist er in der Lage sein Angekommensein umzusetzen und zu genießen? Kann er zufrieden sein, oder ist ihm auch das nicht genug und er sucht nach der nächsten Heldenreise? Diese Analogie betrifft natürlich viele Themen unseres materiellen Lebens – wie Karriere etc., aber auch innere Lebensbereiche.

Hier fällt mir das Wort „Genug" ein. Zu diesem Thema hat John Naish ein sehr erhellendes Buch gleichen Titels geschrieben.

Die menschliche Notwendigkeit zu wachsen, kollidiert mit allen möglichen Gegebenheiten dieses Planeten und kollidiert mit unserem eigenen Wunsch nach Zufriedenheit. Wir wollen wachsen, aber wir wollen auch befriedet sein. Wo und wie also finden wir dieses Maß, diese Grenze, wo es reicht?

Dieses Moment des „Genug" können wir nie endgültig definieren, sondern müssen es immer aktuell überprüfen. Habe ich genug gegessen? Habe ich genug gearbeitet? Habe ich genug Glück? Habe ich genug Zeit? Habe ich genug Information? Dies ist immer ein kritischer Punkt der Achtsamkeit. Und es löst Freude aus, sich diese Frage immer wieder bewusst zu stellen und zu beantworten. Oft findet man das „Genug" viel früher als vermutet und kann sich zufrieden und entspannt zurücklehnen.

Der Wunsch nach Glück und Zufriedenheit ist eine menschliche Antriebsfeder. Aber viele unserer rechtschaffenen Bemühungen, uns Glück und Zufriedenheit zu schaffen, laufen ins Leere, unter immensen ökologischen und ökonomischen Kosten. Dabei ist es viel einfacher als man gemeinhin denkt. In dieses „viel einfacher" fließt witzigerweise jede Menge an Komplexität ein, denn um zum Einfachen zu kommen, muss man die Versuchungen des konditionierten Geistes kennenlernen. Erst dann kann man, wenn man will, nein dazu sagen. Erst seit kurzem wissen wir, dass bestimmte Verhaltensweisen – und zwar nicht immer die intelligentesten – von unserem Hirn mit einem internen Opioid-Kick oder einer genüsslichen Hormonausschüttung belohnt werden. Wenn man die Komplexität dieser Abläufe nicht kennt, kann man sehr leicht darauf hereinfallen. Ein Merkmal dieser hormonell belohnenden Reaktionen ist, dass der Auslöser immer neu oder immer stärker sein muss, um dieses glückhafte Erleben zu erfahren. So kommt es zu einem Suchtverhalten, einem Run auf den Kick, sei es in der Kultur, im Sport, beim Einkauf, ja selbst in der spirituellen, esoterischen und therapeutischen Szene. Aber wir werden damit nicht wirklich glücklicher.

In Wahrheit ist nicht vieles nötig um glücklich zu sein. Ich bemerke das zum Beispiel immer bei meinen Ausflügen an meinen

Lieblingssee. Da scheint die Zeit stehen geblieben zu sein, und die Vergnügungen sind sehr einfach: Da ist der See, kleine Ruderboote sind zu mieten, und es gibt einen einfachen Biergarten. Die Menschen, die sich dort erholen, wirken sehr glücklich. Und es ändert sich dort nichts – es gibt keine Neuerungen, keine Kicks, keine sportlichen Wettkämpfe, keine Endorphin-Highs. Wenn wir uns auf dieses Einfache einlassen, dann erfüllt es uns. Ähnlich geht es mir, wenn ich im Garten arbeite. Ich liebe es nach wie vor, Erde an meinen Händen zu spüren. Und genauso erlebe ich meine Beziehungen, ohne kompliziertes Gewirr von Problemen.

Erfüllung ist weniger in der Quantität als in der Qualität zu finden. Leider hat das Qualitätsbewusstsein der Menschen eher abgenommen. Wir müssen wieder Bewusstsein für Sinnlichkeit entwickeln, die zum Teil sehr vernachlässigt wird und verkümmert. Wer kann noch wirklich die Qualität eines Stoffes zwischen seinen Fingern fühlen? Wer kann noch verschiedenste Gewürze blind erschmecken? Wer kann Vogelstimmen unterscheiden? Wer hört die Qualität von Leder an seinem Knarren? Woran erkenne ich, dass die Frucht wirklich reif ist? Deshalb möchte ich Menschen bewusst dazu ermutigen, ihre Sinne wieder zu schärfen, weil wir damit schon wieder etwas gegen die Entfremdung und zugleich etwas für unser Glücklichsein tun. So nähern wir uns dem Erfahren von Indras Netz und dem WIR in unserem eigenen Erfahren. Sinnlichkeit führt zu Sinnhaftigkeit.

Freude

Freude ist gleichfalls eine wichtige Voraussetzung für Glück. Woran freuen wir uns? Freude ist auch ohne ein „Woran", ohne einen speziellen Grund möglich. Sie ist einfach da. Des Weiteren können wir zwischen einer realen Freude und einer virtuellen Freude unterscheiden. Ich kenne junge Menschen, die so sehr in eine virtuelle Welt eingetaucht sind und sich nur noch dort freuen. Natürlich kann man auch durchs Internet Freude empfinden, aber real ist sie nicht. Zumal mit dem Internet sehr achtsam umgegangen werden sollte, denn es besitzt eine starke Sogwirkung auf unseren Geist, in der wir leicht Zeit und Raum vergessen. Manche Freude beruht auf etwas Illusionärem, vielleicht einem falschen Versprechen oder einem Traum und hinterlässt im Nachhinein einen schalen Geschmack.

Wie jeder Mensch kenne ich sehr verschiedene Arten von Freude. Aber wichtig dabei ist: Der Reiz mag im Außen liegen, doch die Freude ist in mir, ist mir zu Eigen, sie ist eine grundlegend menschliche Eigenschaft.

In Verbundenheit mit dem WIR zu sein ist Freude. Wenn wir uns im Kontext des WIR befinden, sind wir freudig.

Je klarer unser Geist wird, desto leichter sind wir zu erfreuen, da wir leichter in Resonanz schwingen. In je weniger „Watte" der Geist gepackt ist, umso leichter sind wir berührbar und in Resonanz zu bringen. Es ist so, als wenn man eine schöne Stradivari-Violine hat, die früher in Watte eingepackt war und daher nicht klang – jetzt ist sie ausgepackt und der Klang kann sich entfalten in Freude.

Den großen Kick brauchen wir dann nicht mehr. Die kleinen Dinge, die jeden Tag passieren, füllen unser Freudekonto auf und der Teufelskreis, der uns taub machte und dazu führte, dass wir immer höhere Reize brauchten, um Freude zu erfahren, ist dann durchbrochen.

Vielen von uns bereitet es große Freude, in den Bergen zu wandern. Aber leider reicht vielen Menschen dies nicht mehr. Für sie muss dann etwas Aufregenderes passieren: Bungeejumping zum Beispiel, oder die Berge in der Nähe sind nicht mehr hoch genug, also muss es der Himalaja sein. Was aber, wenn ich schon mal auf dem Mount Everest war? Dieser Wunsch nach „mehr" setzt sich fort in den virtuellen Welten. Am Computer ist vieles möglich, was ich normalerweise mit meinem eigenen Körper nicht machen kann. Besonders Computerspiele können einen Kick liefern, der zu einer Ausschüttung von Hormonen führt und im reellen Leben kaum nachvollziehbar ist. Je häufiger ich mich diesen virtuellen Kicks aussetze, desto schwieriger wird es meine Rezeptoren durch einfache Dinge anzusprechen.

Wie aber können wir uns die einfache Freude zurückerobern? Ganz einfach, denn jeder von uns hat Freude in sich. Jedes Kind kann sich jeden Tag zigmal freuen, also können wir es auch wieder erlernen.

Eine Möglichkeit, wieder Zugang zu einer natürlichen Freude zu erlangen ist, alles zu reduzieren, was dumpf macht. Damit meine ich verdummende Literatur, Fernsehprogramme und Filme, verdummende Zeitschriften, dumme Beschäftigungen am PC. Die gewonnene Zeit und Klarheit können wir dann genussvoll für ein gutes Essen, dem wir uns mit allen Sinnen widmen, für ein Bad, für schöne Musik, die nicht nur nebenher läuft, sondern der wir wirklich lauschen oder für vieles andere, was uns erfreut, verwenden.

Freude ist nicht abhängig von Besitz und Geld. Ich kenne reiche Menschen, die sich freuen können und glücklich sind, und ich kenne Menschen mit wenig Geld, die sich freuen können und glücklich sind. Und ich kenne Menschen mit wenig Geld, die sich nicht freuen können und nicht glücklich sind, und ich kenne Menschen mit viel Geld, die sich nicht freuen können und nicht glücklich sind. Ich sehe keine Korrelation zwischen Geld und Freude und Glück.

Freude finden wir, wenn wir Augen und Ohren aufmachen, die Freude einladen. Hier sind wir wieder bei der Wertschätzung und Dankbarkeit. In den einfachen Dingen ist die Freude verborgen.

Freude und Ökologie

Wenn es keine Frösche mehr gibt, kann ich mich nicht mehr an ihnen erfreuen. Mit jeder Tierart, die ausstirbt, haben wir einen Grund zur Freude verloren. Wenn wir feststellen, dass wir eine Tierart vor dem Aussterben retten, freuen wir uns. Wenn wir uns an das Kapitel über die Macht erinnern, ist es eigentlich nur folgerichtig, dass wir Menschen uns freuen und glücklich sind, wenn wir diesem dort formulierten Auftrag gerecht werden. Dann sind wir in Frieden mit dem Tao, in Frieden mit Gott. Wir sollen kultivieren, fruchtbar machen, unseren Fuß auf die Erde setzen, uns beheimaten. Ein kleines Stück Land zu bearbeiten und urbar zu machen und Wesen die Möglichkeit zu geben, darin zu leben, bereitet große Freude, ein Gefühl von Freude in einer tieferen Dimension. Es macht große Freude, ein Instrument des gestaltenden Tao zu sein. Selbst wenn der Wirkungskreis sich zum Beispiel nur auf ein kleinen Garten oder die Blumentöpfe auf dem Fensterbrett erstreckt.

Die meisten von uns haben einen begrenzten Wirkungsbereich. Und niemand kann oder muss die ganze Welt alleine retten. Aber innerhalb unseres kleinen Wirkungskreises können wir sehr viel bewegen. Deshalb lautet meine Frage immer: Wie können wir unseren kleinen Wirkungskreis sinnvoll füllen? Wenn viele Menschen ihren Müll in den Wald werfen, machen sie den Wald kaputt. Genauso machen viele Menschen, die kleine Dinge im Positiven kultivieren, die Welt schöner und sorgen – je nachdem, was sie machen, auch dafür, dass die Welt ein Stück heiler wird. Wenn wir die Erde ein Stück heil machen, erfahren wir eine tiefe Freude. Das ist eigentlich doch einfach. Im Sinne einer inneren Ökologie ist es wichtig, dass sich jeder bewusst macht: Wie groß ist meine Wirksamkeit? Wie weit reicht sie tatsächlich, in welchen Bereichen kann ich wirklich etwas umsetzen? Wenn wir Antworten auf diese Fragen gefunden haben, dann können wir auch mit konkreten Handlungen und damit auch mit der Integration dieses

Wissens anfangen. Stattdessen denken viele Menschen darüber nach, was sie umsetzen könnten, wenn sie mehr Macht, mehr Geld oder mehr Zeit hätten. Wir müssen uns nicht immer die Köpfe unserer Politiker und Experten zerbrechen. Wir können sofort in unserem eigenen Wirkungskreis tätig werden und dadurch viel, viel mehr erreichen, als wir glauben. Anregungen dazu, wie wir wirksam sein können, gibt es zuhauf. Denn wenn es uns gelungen ist, etwas zu zerstören, dann sind wir auch in der Lage, Dinge wieder aufzubauen, Dinge zu verbessern.

Wenn wir im Kontext der Freude über Ökologie reden, taucht sofort wieder das Thema Wachstum auf. Denn unser unmäßiges Wachstum droht das ökologische Gleichgewicht auf dem Planeten aus der Balance zu bringen. Unser Wachstum an Menschen, unser Anspruch an Wachstum, unser Wachstum an Bruttosozialprodukt. Und all diese Formen von Wachstum haben wir fälschlicherweise in unserem Kopf mit Glück verknüpft. Ich freute mich daher sehr, als ich kürzlich erfuhr, dass es auch den Begriff des Bruttosozialglücks gibt. Im Königreich Bhutan, einem buddhistischem Land, wurde in der Verfassung der Anspruch auf Bruttosozialglück festgelegt. Sowohl dem König als auch der demokratisch gewählten Regierung und dem Volk ist das Bruttosozialglück wichtiger als das Bruttosozialprodukt.

Am Rand unseres Grundstücks stehen Bäume. Bäume wollen wachsen. Das macht sie glücklich. Aber einer ist über die Maßen gewachsen, so dass die anderen Bäume kein Licht mehr bekamen und auch unser Grundstück relativ dunkel war. Jetzt wurde der Baum zurückgesetzt, die Krone beschnitten. Es hat ihm nicht geschadet, er ist immer noch glücklich, aber jetzt sind die anderen Bäume auch wieder glücklich. Der natürliche Drang nach Wachstum braucht sehr viel Aufmerksamkeit unsererseits: Was brauche ich? Wie viel kann ich noch wachsen, ohne dass ich anderen schade, wo muss ich oder müssen wir unser übermäßiges Wachstum zurücknehmen und uns im Sinne des Ganzen durchaus auch beschneiden, ohne dabei unglücklich zu werden?

Auch die Bereitschaft, aus Fehlern zu lernen und bereit zu sein, es anders zu machen, spielt hier eine große Rolle, die Bereitschaft auch zu sehen, wann es Zeit ist, sich neu zu orientieren und wann ich auch einmal etwas radikal anders machen muss. Was ist jetzt das echte Anliegen meiner Entwicklung? Was ist überhaupt an der Reihe, ohne das Wachstum der Perlen um mich herum zu behindern. In Antoine de Saint-Exupérys Buch „Der kleine Prinz" gibt es eine schöne Abbildung, auf dem ein Baum einen Planeten überwuchert und erwürgt. Wir müssen achtsam sein, dass wir nicht zu solch einem Baum werden.

Es geht um Zufriedenheit, nicht immer um „Mehr". Selbst Glück kann irgendwann genug sein. Dann dürfen wir uns zurücklehnen und müssen nicht Neuem nachjagen. In all unseren Lebensbereichen ist mehr Gespür dafür zu entwickeln: Wann es genug ist. Genug Arbeit, genug Essen, genug Information, genug Entwicklung, selbst Glück hat ein Genug. Aber deshalb wird es nicht langweilig werden.

Beziehungen, Freiheit, Liebe und Mitgefühl

Beziehungen und menschliche Nähe tragen zu unserem Glück bei. Menschen, die glücklich alleine wie Einsiedler leben, sind eher selten. Und selbst Einsiedler sind nicht ganz beziehungslos, sie brauchen Nahrung, treffen Tiere und manche erleben Visionen, auf deren Gestalten sie sich beziehen. Die meisten Menschen brauchen Beziehungen zu anderen Menschen, sie wollen andere sehen und berühren und sie wollen gesehen und berührt werden. Im Idealfall sind unsere Beziehungen liebevolle Beziehungen, nährende Beziehungen in beide Richtungen, kreative Beziehungen und mitfühlende Beziehungen. Und das kann man üben.

Unfrei zu sein, ist für alle Menschen schrecklich, und ohne Liebe zu leben unmöglich. Einer der vielleicht schnellsten Wege glücklich zu sein, ist Mitgefühl zu entwickeln. Daher widme ich der Entwicklung von Mitgefühl eine der Übungen am Schluss des Kapitels. Sie heißt Tonglen. So schließt sich der Kreis – wir begannen die erste Übung mit der klaren Natur des Geistes, dem nackten Gewahrsein, und die letzte Übung ist dem Mitgefühl gewidmet.

Präsenz, Jetzt, Zeit und Ewigkeit

Was ich brauche, um glücklich zu sein, ist Präsenz. Glück kann nicht vertagt werden, ich kann es auch nicht aus der Vergangenheit holen, oder erinnern. Glück ist immer nur jetzt möglich.

Wir kennen die Zeitachse von der Vergangenheit in die Gegenwart in die Zukunft. Dieser horizontale Zeitstrahl kreuzt sich in der Gegenwart mit dem vertikalen Strahl, der in die Ewigkeit geht. Wenn mein Geist sich in der Vergangenheit oder in der Zukunft aufhält, wird das Zeitempfinden sehr flach, zweidimensional. Wenn ich aber präsent im Jetzt bin, öffnet sich eine Unendlichkeit in der Zeit so wie sich ein Lotus öffnet. „Jetzt" ist unendlich klein und gleichzeitig die Ewigkeit, Unendlichkeit. Raumhaftigkeit ist das gleiche Phänomen im Raum wie die Ewigkeit in der Zeit, wie die klare Natur des Geistes im Geist.

Das versuche ich Ihnen in der letzten Abbildung dieses Buches (siehe S. 138) zu verdeutlichen. Fällt Ihnen die Ähnlichkeit mit der allerersten Abbildung auf? Wieder haben wir die Unendlichkeit des Raumes und in dieser Unendlichkeit, dieser Ewigkeit tauchen alle Dinge auf, alle Gedanken, alle WIRS und jedes Phänomen in der Zeit.

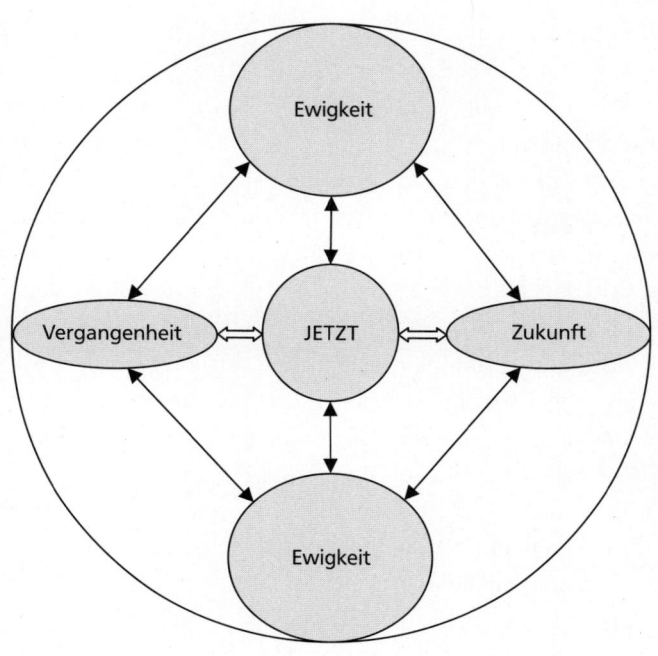

Eine Kette des Glücks auffädeln...

Fädeln Sie alle Glücksmomente Ihres Lebens, die großen und vor allem die kleinen auf einer Kette auf. Sie können das auch ganz praktisch tun und damit sinnlich erfahren. Kaufen Sie sich schöne Glasperlen und einen langen Faden. Wenn Sie abends Ihren Tag Revue passieren lassen, dann fädeln Sie für jedes kleine Glück, das Sie erlebten, eine Perle auf den Faden. Und jeden Morgen bevor Sie in den nächsten Tag starten, betrachten Sie Ihre Glückskette und freuen sich daran. Und das ist eigentlich schon wieder eine Perle wert.

Der Atem und unsere Verbindung zu allem – Tonglen

Die Entwicklung und Übung von Mitgefühl ist für die Entwicklung unseres eigenen Glücks, und damit für unsere eigene Heilung wesentlich. Niemand kann ganz, heil und glücklich sein, solange er oder sie das andere als fremd betrachtet, solange er oder sie eine Mauer um sich errichtet hat. Reflexartig wollen die meisten Menschen alles Unangenehme loswerden oder von sich fernhalten, alles Angenehme dagegen in den eigenen Herrschaftsbereich bringen. Das verstärkt jedoch die Abspaltung, die Trennung und führt zu Leiden – gegen alle Absicht.

Die Luft, die Sie gerade einatmen, ist die Luft, die Ihre Zimmerpflanze oder der Mensch neben Ihnen in der U-Bahn eben ausgeatmet hat. Wir tauschen unseren Atem mit allen lebenden Wesen aus. Wenn wir uns dessen bewusst sind, können wir uns nicht mehr vom Rest der Welt abgrenzen. Wo fängt Ihr Atem an, und wo hört der Atem Ihres Nachbarn auf? Es ist ein

Atem, ein Leben. Hier wird die Vernetztheit und gegenseitige Bedingtheit aller Phänomene und aller Wesen in Indras Netz so deutlich, so klar, so praktisch. Im Beobachten des Atems stellt man fest: Es gibt keine Trennung zwischen Außen und Innen, sondern ein Zusammenspiel, eine Harmonie. Von hier aus ist es nur ein kleiner Schritt zu Atisha, einem tibetischen Meister des 11. Jahrhunderts, der schreibt: „Übe dich im Austauschen (Tonglen), im Nehmen und Geben abwechselnd. Tu das, indem du auf dem Atem reitest. Beginne die Übung mit dir selbst."

Die scheinbar natürliche Verhaltensweise, alles Angenehme zu sich heranzuziehen und alles Unangenehme von sich abzuhalten, hält die Idee der Trennung meiner selbst vom Rest der Welt aufrecht, ist Ausdruck der Territorialbildung des kleinen Ich, der Verblendung, und sie verursacht Gier, Hass und Leiden. Atishas Aufforderung, mit dem Ausatmen Angenehmes loszulassen und zu verströmen, ohne dabei irgendetwas zurückzuhalten, und mit dem Einatmen Unangenehmes ins Herz hineinzunehmen und ohne Rückhalt zu fühlen, bewirkt eine Kehrtwendung. In diesem Mitgefühl lösen sich alle Grenzen auf, und Weisheit scheint auf. Diese Kehrtwendung beschränkt sich nicht auf die Zeit, die man auf seinem Meditationskissen verbringt, sondern sie muss sich im Leben zeigen und erweisen. So manche gewohnte Reaktionsweise wird dann sicherlich nicht mehr möglich sein.

Ich erkläre dies am Beispiel des Gefühls der Hilflosigkeit, das sicher jeder kennt:

Immer wieder empfinde ich Hilflosigkeit, wenn mir Leiden begegnet und ich nichts tun kann, um es zu lindern. Sei es der gewaltsame Tod von vielen als Geiseln genommenen Kindern einer Schule in Russland, sei es emotionales oder persönliches

Leiden in meinem Umfeld. Der erste Schritt für mich ist einerseits das Anerkennen meiner eigenen Hilflosigkeit als Faktum und ich lasse dieses Gefühl gleichzeitig tief in mein Herz sinken und nehme es an. Als Erstes muss man aufhören, vor diesem natürlich unangenehmen, aber einfach höchst menschlichen Gefühl davonzulaufen. Solange wir leben, werden wir uns immer wieder hilflos fühlen. Als zweiten Schritt nutze ich dieses Gefühl der Hilflosigkeit, um mich in Mitgefühl zu üben für alle Menschen und Wesen, die sich auch hilflos fühlen oder sich in einer hilflosen Lage befinden. Empfinden wir selbst gerade ein Gefühl dieser Art in uns, dann ist das der ideale Zeitpunkt, um Mitgefühl zu üben, Tonglen zu praktizieren: Ich atme all die Hilflosigkeit ein, die in mir und in anderen Wesen ist, und lasse sie ganz in mein Herz. Oft ist es hilfreich sich dabei vorzustellen, wie sich das Leiden zu einer Wolke schwarzen, heißen, beißenden Rauches verdichtet, den ich einatme. Dann atme ich alles aus, was in mir an Mut, Strahlen, Zuversicht ist. Wir können dabei darauf vertrauen, dass der Kern unseres Wesens strahlende Weisheit und Liebe ist und fähig ist all dieses Empfinden von Hilflosigkeit zu verwandeln. Auf diese Weise wird Hilflosigkeit (und jedes andere Gefühl, wenn wir auf diese Art damit praktizieren) in Segen verwandelt. Das ist höchste Alchemie.

Nachwort:
Reise aus dem Nichts ins Wir

Sehr viele der Menschen, die meine Veranstaltungen, Satsangs und Retreats besuchen, kennen mich durch meine Autobiografie „Reise ins Nichts", die im Jahr 2000 erschien. Verständlicherweise sehen deshalb viele von ihnen heute noch, fast zehn Jahre später, vor ihrem inneren Auge die Frau, die ich damals war und beschrieben habe, und erwarten sie auch. Und manche wundern sich darüber, dass sie eine Frau vorfinden, die sich in den letzten zehn Jahren weiterentwickelt hat. Deshalb erzähle ich Ihnen ein wenig, was weiter geschah.

Mein Anliegen ist dabei gleichzeitig, Ihnen anhand meiner Lebensgeschichte der letzten zehn Jahre ein praktisches Beispiel für manche Themen dieses Buches zu geben. Ich versuche Ihnen zu schildern, wie ich selbst in dieser Zeit mit anstehenden Herausforderungen nach neuer Integration umging, wie ich versuchte die Einsicht in Wahrheit in die verschiedenen Lebensbereiche einzubeziehen.

Der Weg menschlicher Entwicklung geht von der Illusion zur Klarheit und von der Klarheit zur Verwirklichung. Der Punkt, an dem Klarheit erreicht wird, ist dabei sehr scharf. Das erlebe ich so bei kleinen Dingen und Erkenntnissen und bei großen Dingen und Erkenntnissen und es gilt auch für das, was man gemeinhin Erleuchtung oder Erwachen nennt.

In den letzten zehn Jahren erfahre ich wieder und wieder die große Freude, aber auch das Ringen um Verwirklichung und Integration dessen, was als große Klarheit strahlt.

Erwachen

Damals schrieb ich in dem Versuch mein Erfahren und meine Einsicht zu formulieren: „Nicht nur der Fluss ist verschwunden, auch der Ozean ist verschwunden. Der Schüler ist verschwunden und der Meister ebenso. Es gibt kein Innen und kein Außen mehr. Es gibt gar keine Möglichkeit für Außen. Da ist nur das Selbst, nur das Göttliche, nur DAS, keine Möglichkeit der Trennung. Von hier, von der Stille aus betrachtet, gibt es keine Möglichkeit des Widerspruchs. Selbst die Welt der Dualität, die Welt der Illusion steht nicht in Widerspruch zu DEM. Sie ist einfach, was sie ist. In DEM gibt es kein Ziel, keinen Weg, kein Hier und kein Dort, kein Ich und kein Du, keine Grenze, kein Ende und keine Mitte, kein Außen und kein Innen, es gibt nichts zu erreichen, nichts zu verändern, zu gewinnen oder zu verlieren. Still, in Lebendigkeit vibrierend, leer und doch in Fülle, in Liebe überfließend, endlos, frei, unbewegt und still ist Leere, Stille, DAS. Und dennoch bewegt DAS alles, jedes Phänomen, es erschafft alles, es zerstört alles. Jede Form in all ihrer Einzigartigkeit ist ein Ausdruck der Göttlichkeit, die wir sind. Es gibt keine Möglichkeit, irgendetwas auszuschließen. Jedes Geschehen und jede Form, jedes Phänomen geschieht von und durch und in DEM, ohne jedoch DAS zu berühren, ohne DAS zu verändern, ohne DAS zu bewegen und ohne einen persönlichen Handelnden. Es ist schwer auszudrücken. Es ist, als ob unvoreingenommenes, urteilsloses Erfahren der Dualität in sich selbst Nicht-Dualität ist."[7]

Meine Entwicklung der letzten Jahre ist ein immer neues Lernen des Seins in Gewahrsein und in genau dieser Ungetrenntheit, ohne dabei den Inhalt des Raumes zu vergessen. Ich lerne seither all die Strukturen, meines eigenen Wesens und der Welt, die sich aktuell zeigen, immer mehr in mein Erfahren und Handeln zu integrieren.

---

[7] Pyar Troll, Reise ins Nichts, Bielefeld 2000, S. 207

Dieses Lernen führte mich zu all den Themen, die ich in diesem Buch behandelt habe. Es führte mich in Abenteuer, führte mich ins Lehren und in den Umgang mit Menschen, mit denen ich regelmäßig in meinen Veranstaltungen arbeite.

Zu dem Zeitpunkt, als ich im ersten Buch diese Zeilen schrieb, war mir bereits klar, dass diese meine Reise ins Nichts mit dem, was ich erfahren hatte, nicht zu Ende war. Das weitere Entdecken und das Integrieren dessen, was ich entdeckte, geht immer weiter. Dies zu betonen ist mir sehr wichtig, denn die Reise geht noch sehr viel weiter und sehr viel tiefer, als ich es damals erahnen konnte.

Rückblickend betrachtet, erreichte ich vor etwas mehr als zehn Jahren in meiner Biografie einen definierbaren Punkt, von dem ich sagen kann, dass eine grundsätzliche Wende in meinem Leben geschah. Ich erfuhr eine tiefe und bleibende Einsicht in die Wesensgleichheit der Dinge, eine tiefe und bleibende Einsicht in die Raumhaftigkeit, die alles beherbergt, und eine tiefe und bleibende Einsicht in die Raumhaftigkeit im Geist, die als klares Gewahrsein bezeichnet wird. Und mehr noch: Eine tiefe und bleibende Einsicht in dieses Wunder der unendlichen Bezogenheit zwischen allem. Diese Unendliche Bezogenheit wird mit dem Bild von Indras Netz in der indischen Mythologie, das ich im 2. Kapitel beschrieb, am schönsten und besten anschaulich gemacht und verdeutlicht.

Zu diesem Zeitpunkt, also vor zehn Jahren, lag die Betonung meines inneren Erfahrens auf der Raumhaftigkeit und unserem „Überindividuellen Sein". Die Herausforderung aber ist, Einsicht und Erfahren der absoluten Wirklichkeit im Leben zu manifestieren und zu integrieren. Mein Weg geht von der Illusion zur Klarheit zur Verwirklichung. In meinem Erfahren betrifft dies sowohl kleine wie auch große Einsichten.

Die Frage, wie sich zum Beispiel Beziehung im Raum der großen Einsicht gestaltet, war eines der Themen, die in meinem Leben auf mich zukamen und ihre Integration forderten. Dazu später mehr. Immer wieder ist dabei die Balance von individuellem Menschsein und unpersönlichem Gewahrsein zu finden. In diesem Prozess gibt es Momente des Gelingens und Momente des Scheiterns genau wie im Leben eines jeden Menschen. Für mich hat sich dennoch etwas Grundlegendes verändert: Im Gelingen wie im Scheitern habe ich die Möglichkeit, aus dem reinen Gewahrsein zu blicken und an der stillen grundlosen Freude teilzuhaben, der stillen grundlosen Freude der Existenz. In all dem lasse ich Weisheit und Mitgefühl die zwei Flügel sein, mit denen ich fliege.

Energetische Turbulenzen – körperliche Integration

Durch dieses Erfahren der Raumhaftigkeit ist etwas so Grundlegendes mit mir passiert, dass es sich auch auf mein ganzes energetisches System als Mensch auswirkte. Anfangs war es nicht zu bemerken, aber im Laufe der folgenden Jahre wurde es für mich notwendig, viele Aspekte dieses Erfahrens in mein menschliches Dasein und meine Körperlichkeit zu integrieren. Das bedeutete unter anderem auch mit „Nebenwirkungen", die sich in Form von energetischen Komplikationen äußerten, umzugehen. Damit hatte ich überhaupt nicht gerechnet. Es war für mich nicht so einfach, weil ich hierzu keine Schriften und Erläuterungen der alten Meister fand. In der Hoffnung, dass sie mir über diese Phase hinweghelfen und mich lehren könnten, mit diesen energetischen Nebenwirkungen umzugehen, habe ich versucht, mit verschiedenen tibetischen Lamas Kontakt aufzunehmen, aber leider ist es zu keinem Zusammentreffen gekommen. Selbst fix vereinbarte Termine kamen aufgrund verschiedener Umstände nicht zustande. So habe ich beschlossen, dass ich mir selbst helfen muss.

Hilfe hätte ich gut brauchen können in dieser Phase, in der ich sehr labil und über die Maßen körperlich empfindsam war. Ich war zum Beispiel nicht mehr fähig, selbst Auto zu fahren. Im Auto prasselten einfach zu viele Eindrücke auf mich ein, so als hätte ich alle sensorischen Filter verloren. Alle visuellen, akustischen, ja alle sinnlichen Eindrücke brachen mit einer solchen Wucht auf mich ein, dass ich sie nicht mehr verarbeiten konnte. Ich fühlte mich so unsicher, dass ich danach nicht mehr Auto fuhr. Auch konnte ich zu dieser Zeit nicht mehr in einem Kaufhaus oder einem Supermarkt einkaufen gehen, weil mich all diese Reize überflutet haben. Als ob mich alle Waren und all die Musik und all die Farben anschrien. Ich selbst konnte nur noch in kleinen Läden einkaufen, selbst ein Bio-Supermarkt war schon zu viel an Eindrücken für mich. Diese Reizüberflutungen haben mich sehr erschöpft und mein Leben und meine Funktionsfähigkeit beeinträchtigt. Zwar konnte ich auch in dieser Zeit alles erledigen, was getan werden musste, wie in der Praxis arbeiten, Satsangs geben oder Bücher schreiben, und das mit Elan und Freude, aber alles was darüber hinausging, war ich nicht mehr im Stande zu tun. Es war für mich einfach zu schwierig. Diese Nebenwirkung hatte nach einem sehr intensiven Retreat begonnen, und es dauerte etwa eineinhalb Jahre, bis ich die Umstellung auf der Wahrnehmungsebene integriert und gelernt hatte, neue, bewusst eingesetzte Filter zu nutzen und so wieder in die Lage kam, sinnliche Eindrücke zu sortieren und zeitnah zu verarbeiten. Gelungen ist mir diese Integration durch Meditation. Die ganzen Jahre hindurch habe ich weiterhin meditiert und praktiziert. Und immer wieder habe ich aufs Neue probiert, zum Beispiel in ein Kaufhaus zu gehen. Heute geht das alles wieder, und ich kann wieder in Kaufhäuser gehen, obwohl ich sie nicht wirklich mag. Und ich kann wieder sehr gut Auto fahren.

Sex

Ich erlebte auch eine längere Phase, in der Sexualität für mich nicht mehr möglich war. Mein Erfahren des inneren Tanzes von Shiva und Shakti hatte eine unglaubliche Balance erreicht und damit eine wunderschöne Feinheit erlangt. Dieser Tanz, wie ich ihn zu dieser Zeit empfand, war von links nach rechts, von rechts nach links, auf den eigenen Körper bezogen, sich immer verwebend und vollkommen harmonierend. Wenn ich Sex hatte, erlebte ich ihn plötzlich als eine enorme innere Störung. Da war nicht mehr dieses lustvolle, momentane Erleben von Shiva und Shakti aus der Sexualität heraus, so wie ich es vorher erfahren und gekannt hatte, sondern es fühlte sich wie eine grobe Störung ihres Tanzes an. Dies lag aber nicht an der Sexualität selbst, sondern an meinem persönlichen Empfinden der Sexualität. Infolgedessen hatte ich dann einige Jahre keinen Sex mehr. Irgendwann aber hat sich das dann wieder von alleine geregelt. Wann genau dies geschah, kann ich nicht mehr benennen. Es passierte auch nicht während einer Meditation, sondern bei einer Autofahrt. Plötzlich bekam der Tanz von Shiva und Shakti eine vollkommen neue Dimension. Da war plötzlich nicht mehr allein der Fluss der Energie rechts-links, links-rechts spürbar, sondern es hatte dazu auch ein neuer Kreislauf von oben-unten und unten-oben eingesetzt. Von diesem Moment an, das ist vielleicht vier Jahre her, war Sexualität kein Problem mehr.

In dieser Zeit des energetischen Integrationsprozesses habe ich auf einige Menschen sicherlich schwebend und eher durchgeistigt gewirkt, obwohl ich von Haus aus eher ein erdiger Mensch bin. Ab dem Moment aber, indem der Tanz von Shiva und Shakti in einer vollkommen neuen Dimension eingesetzt hatte, bekam meine erdige Seite auch wieder mehr Gewicht. Und damit einhergehend traten auch die Themen zutage, die in diesem Buch aktuell sind. Und wenn auch nicht sehr offensichtlich, aber subtil, hat sich zu diesem Zeitpunkt der Stil meines Lehrens geändert. Das hat bei vielen Menschen auch zu Verunsicherung geführt. Aber es ist auch ein ganz natürlicher Prozess, dass es mit jedem neuen Thema, das integriert werden wollte, zu Veränderungen der Teilnehmer in den Retreats und Satsangs kam. Natürlich gibt es aber auch eine ganze Reihe von Menschen, die von Anfang an in meine Satsangs gekommen sind und heute noch immer dabei sind.

All die Jahre hat mich immer der alte indische Satz begleitet, der mein Erfahren ausdrückt: „Die Welt ist Illusion. Nur Brahman ist wirklich. Die Welt ist Brahman." Zwischen diesen beiden Aspekten, „die Welt ist Illusion" und „die Welt ist Brahman", bewegt sich unser dualistischer Geist stetig hin und her, sodass es in ihm immer wieder eine Erfahrung von Dualität geben kann. Mal bewegt man sich mehr auf der einen Seite der Welt, mal auf der anderen Seite Brahmans. Die Wahrheit liegt in beiden zusammen. Aber der menschliche Geist ist schwer in der Lage, dies zu erfassen. Und noch ein weiterer Satz begleitet mich in all den Jahren: „Form ist Leerheit. Leerheit ist Form. Form ist nicht verschieden von Leerheit, Leerheit ist nicht verschieden von Form." Dies ist die buddhistische Beschreibung meines Erfahrens.

Trennung und Alleinsein – Integration von Beziehung

Mein erster Mann Nirdoshi arbeitete bald sehr viel in der Organisation der Satsangs mit. Voller Begeisterung und Elan stürzten wir uns beide gemeinsam in die Arbeit und widmeten uns gänzlich dieser Aufgabe. Aber sowohl diese neue Aufgabe als auch mein inneres Erfahren hatten natürlich einen tiefen Einfluss auf unsere Beziehung. Wir hatten auf einmal nicht mehr viel private Zeit miteinander, und manches was mich innerlich bewegte konnte ich mit Nirdoshi zu unser beider Schmerz nicht mehr teilen. Ich hatte meinen Weggefährten an einer Stelle sehr schnell überholt – zu schnell für unsere Beziehung… Hinzu kam dann auch noch nach einiger Zeit meine Unfähigkeit Sexualität im Außen zu leben und ich wusste nicht, ob und wenn ja wann ich es wieder könnte. So entwickelten sich unsere Wege langsam auseinander, und schließlich kam es zur Trennung, die für mich sehr schmerzhaft war, denn immer noch liebte ich diesen Mann zutiefst.

Aber wie schmerzhaft die Erfahrungen in dieser Zeit auch waren und was auch im Außen passiert ist, die Erfahrung der Raumhaftigkeit war mir trotzdem die ganze Zeit über zugänglich, mitsamt einer sehr feinen Form des Glücklichseins. Selbst wenn ich traurig oder unglücklich war – und ich kann richtig traurig oder unglücklich sein und Rotz und Wasser heulen –, war und ist mir diese weitere Dimension dieses grundlegenden, unbedingten, feinen Glücklichseins stets zugänglich und erfahrbar. Auch wenn ich mich verletzt fühle, und ich kann mich sehr verletzt fühlen, dann ist auch hier dieses Erfahren des Glücks trotzdem vorhanden.

Es ist erstaunlich: Ich wurde auf der einen Seite berührbarer und dadurch auch verletzlicher als früher, und zugleich stabiler in diesem tiefsten Erfahren von Stille und Freude. Nirdoshi und ich hatten sehr offene Auseinandersetzungen und scheuten uns auch beide nicht unsere Trauer in der Gruppe von Menschen zu zeigen, die mit mir lernen. Das hat sehr gut getan und war für uns alle eine sehr bereichernde Erfahrung. Es kam sogar vor, dass ich im Satsang weinte, weil ich einfach traurig war. Doch die ganze Zeit über verschwand dieses tiefe innere Lächeln und diese tiefe innere Freude nie. Und das ist die gute Nachricht! Ich bin ehrlich gesagt sehr froh, dass Menschlichkeit mitsamt Berührbarkeit und damit verbundener Verletzlichkeit nicht verschwinden, wenn wir zur Buddhanatur erwachen! Die Zeit der Trennung von Nirdoshi bot mir die erste Gelegenheit zu erfahren, ob die erfahrene Gewissheit unserer wahren unsterblichen Natur auch in einer solchen Situation stabil bleibt und wie sie sich auswirkt. Und dabei festzustellen, dass ich gleichzeitig sehr berührbar, auch traurig und verletzt sein *und* zugleich im klaren Gewahrsein und seiner stillen Freude bleiben kann, war und ist für mich ein großes Wunder und eine große Freude. Denn nun wusste ich, dass es wirklich möglich ist, Menschsein mit all seinen Facetten und Buddhasein mit all seiner Tiefe zu vereinen. Ich weiß auch, dass dieses Vereinen eine unendliche Reise ist und bleibt.

Das ist das erste Wunder, das ich inmitten dieser schweren Zeit erfahren durfte und das ich mit Ihnen teilen möchte. Das Wunder der Integration von Individualität, Empfinden und Menschlichkeit in das Erfahren der Göttlichkeit und Stille.

Deshalb spreche ich heute ganz klar und ohne ein schlechtes Gewissen wieder von „Ich". Und wenn ich „Ich" sage, dann meine ich damit genau diesen einen Finger, an dieser einen Hand. Weder empfinde ich mich nur als den Finger, der mit der Hand nichts zu tun hat, noch empfinde ich mich nur als die Hand, die mit den Fingern nichts zu tun hat. Zugleich empfinde ich mich auch wie dieses eine Blatt an diesem Baum. Nicht abwechselnd, sondern gleichzeitig. Ich bin genau diese Ausprägung, diese Manifestation des großen Einen. Und ich bin natürlich auch das große Eine. Und das ist mir die ganze Zeit bewusst, ohne dass ich daran denke. Ähnlich wie beim Autofahren: Wenn ich Auto fahre, denke ich nicht die ganze Zeit daran, dass ich jetzt Auto fahre. Oder wenn ich gut auf dem Boden stehe, muss ich auch nicht an den Boden denken. Sondern ich stehe einfach.

Und noch etwas Neues erfuhr ich in dieser Zeit wie ein weiteres Wunder: All die früher in ähnlichen Situationen erprobten Verhaltensweisen standen mir nicht mehr zur Verfügung, was mir den Umgang mit solchen Situationen aber nicht unbedingt leichter machte. Rasende Eifersucht oder heißer Zorn, so wie ich es früher empfunden und gelebt hatte, waren einfach nicht mehr da. Ich habe zwar gekämpft, aber auf ganz andere Art und Weise. Es war, als wären all die gewohnten Waffen aus meinem alten Arsenal plötzlich verschwunden. All die Waffen und Strategien, die ich in früheren Auseinandersetzungen sofort zur Stelle hatte, waren wie ausgelöscht. Dies brachte zunächst eine gewisse Art von Hilflosigkeit mit sich, weil ich nicht mehr wusste, wie ich mit diesen Situationen umgehen sollte. Es war nicht so, dass mir die alten Verhaltensmuster lächerlich vorgekommen wären oder ich mir vorgenommen hätte: „Nein, dieses Mal reagiere ich nicht wieder so!".

Es war eher so, als wenn man zu seinem Schwert greifen will, und die Scheide ist leer. Da war großes Erstaunen, großes Erschrecken darüber, dass mir all die alten Waffen nicht mehr zur Verfügung stehen. In meinem ersten Buch beschreibe ich eine Situation, in der Nirdoshi eine Nebenbeziehung hatte. Ich war so wütend und eifersüchtig, dass ich mit Schuhen nach ihm geworfen habe. Solch eine Reaktion war mir jetzt nicht mehr möglich. Das Erschrecken und meine Hilflosigkeit wichen nach einer geraumen Weile einem neueren, intelligenteren Verhaltensmuster. Aber das war ein Prozess des Lernens, in dem ich sehr hautnah die Notwendigkeit der Zusammenarbeit von Disziplin, Liebe und Freiheit erfuhr. Und wieder war ich in Staunen, dass das tatsächlich möglich war.

Und hier kommt das dritte Wunder:

Die sehr heftige und von vielen Auseinandersetzungen begleitete Trennungsphase dauerte ein halbes Jahr bis zu Nirdoshis Auszug aus dem gemeinsamen Haus. Die ganze Zeit über arbeitete Nirdoshi für mich und meine Satsangs (und tut es heute noch) und hatte dafür sein Büro immer noch in meinem Haus. Auch in dieser Zeit der Auseinandersetzung hat er nicht aufgehört, seine Arbeit sehr gut zu machen, ich konnte mich weiterhin voll und ganz auf ihn verlassen. Und er hat auch einen sehr großen Teil dazu beigetragen, dass wir uns heute auf neue Art gut verstehen. Die Herausforderung an uns war nun, unsere Trennung sauber zu vollziehen und gleichzeitig unsere Arbeit konstruktiv fortzusetzen. Im ersten Jahr nach seinem Auszug traf ich mich mit Nirdoshi nie privat, nie betrat ich seine neue Wohnung und nie erlaubte ich ihm mit mir gemeinsam in der Küche Brotzeit zu machen. Diese private Distanz war für mich und ich glaube auch für ihn notwendig, um die Frau-Mann-Liebesfäden zu lösen und eine echte Trennung zu ermöglichen. Zugleich aber schwand nie das menschliche Vertrauen und Interesse, das wir uns entgegenbrachten. Und das ist bereits der Anfang des Wunders.

Nirdoshi hatte sich neu verliebt und war mit seiner neuen Partnerin in eine gemeinsame Wohnung gezogen. Etwa ein Jahr nach unserer Trennung wagte ich es, zarte Versuche einer neuen freundschaftlichen Beziehung zu Nirdoshi und seiner Partnerin zu knüpfen. Wir gingen gelegentlich zusammen essen, später besuchte ich die beiden und dann fuhren wir sogar gemeinsam in den Urlaub. Ja, es ist uns tatsächlich gelungen, gleichzeitig unsere Mann-Frau-Beziehung gründlich zu trennen und auf einer anderen Ebene neu aufeinander zuzugehen. Es ist uns gelungen, uns gründlich auseinanderzusetzen, ohne irgendwann in Hass oder Verachtung zu geraten.

Weitere zwei oder drei Jahre verbrachte ich alleine in dem jetzt für mich viel zu großen Haus, das ich nicht wirklich beleben konnte. Sehr froh war ich in dieser Zeit über eine Reihe guter Freunde, mit denen ich Freundschaften und Gespräche pflegen konnte.

Aber ich fühlte mich nicht wohl in dieser Situation. Mir war zwar nicht langweilig, aber ich esse einfach nicht gerne alleine und ich lebe auch nicht gerne alleine. Irgendwann nachdem ich mit der Zeit die Trennung überwunden hatte und auch wieder offen war für Sexualität, hatte ich natürlich auch wieder das Bedürfnis nach einer Beziehung, aber ein neuer Herzenspartner tauchte noch nicht auf.

Neues Zuhause – neue Liebe

Daher überlegte ich mir, ob es andere Modelle des Zusammenlebens mit Menschen geben könnte und kam auf die Idee eine Familie zu gründen, die auf Geistesverwandtschaft anstatt Blutsverwandtschaft gründen sollte. Es sollten nicht mehr als acht Menschen sein, um die für ein gutes Familienleben notwendige Verbindlichkeit halten zu können, und ein Platz sollte für einen eventuellen neuen Lebenspartner frei bleiben. Sehr schnell fanden sich fünf Menschen, die dieses Experiment mit mir wagen wollten. Und siehe da: Nirdoshi und seine neue Partnerin waren auch dabei.

Ich suchte lange nach einem passenden Haus, ich kämpfte mit der Finanzierung und kämpfe an diesem Punkt immer noch. Vor zweieinhalb Jahren fanden wir das Haus, in dem wir heute zusammen leben, und rechtzeitig vor Vertragsabschluss tauchte auch mein neuer Lebenspartner auf, so dass er noch mitentscheiden konnte. Ein Jahr lang lebten wir alle auf einer Baustelle, denn es waren einige Sanierungsarbeiten notwendig. Rückblickend bewundere ich unser aller Geduld und Kraft und Zusammenwirken in dieser lauten, arbeitsreichen, staubdurchwehten Zeit. Auch hier großes Gelingen: Tatsächlich wohne ich nun mit meinem neuen Mann Andreas und mit meinem Ex-Mann und seiner neuen Frau, drei weiteren Menschen und einem Hund glücklich unter einem Dach. Jedes Mal, wenn wir Freunden davon erzählen, ruft es großes Erstaunen hervor. Warum gelingt das? Ich denke, Nirdoshi und ich haben die alten Dinge gründlich beendet, ohne den Boden zu verbrennen, so dass jetzt Neues in Klarheit freudig wachsen kann, ohne von altem Kraut bedrängt zu werden. Auch hier ein Zusammenspiel von Disziplin, Freiheit, Liebe und Freude im Bemühen um Integration. Ein zweiter wichtiger Faktor unserer Wohngemeinschaft ist unser aller Respekt vor Intimität. Auch darin sehe ich das Wunder von Indras Netz gespiegelt. Wenn ich nach Hause komme, dann durchschreite ich mehrere Ebenen des Heimkommens, wie Ringe. Ich verlasse die Straße mit all ihren Menschen und betrete das Grundstück. Das ist ein erstes Heimkommen. Wir haben in unserem Haus eine große gemeinsame Küche mit Essbereich, wo wir unser tägliches Abendessen einnehmen und alle beisammensitzen. Das ist der zweite Schritt des Heimkommens in die Intimität unserer Gemeinschaft. Und nach dem Essen ziehen sich mein Mann und ich meist in unser Zimmer zurück und genießen die Intimität unseres Zu-zweit-Seins. Jeder im Hause ist bereit zu Kommunikation, respektiert aber diesen innersten Kreis der Intimität der anderen und mischt sich dort nicht ein.

Andreas ist für mich in allen Gebieten ein wahrer Gefährte. Vor einem Jahr heirateten wir und sind glücklich miteinander. Er baut gerade seine Keramikwerkstatt hier auf, er begleitet mich zu den Satsangs und Retreats und ist mir dabei eine große Unterstützung. Ich kann mit ihm meditieren und in die Oper gehen, in Hütten schlafen und in Hotels. Er liebt die Natur und die Kultur, und wir lieben uns.

Und mit ihm habe ich jetzt die Möglichkeit das zu verwirklichen, was in meinem Innersten bereits klar ist, nämlich das Beziehen als Mann und Frau. Der Tanz von Shiva und Shakti in meinem Inneren ist nach wie vor rund und komplett und vollständig. Aber jetzt kann sich diese innere Freude, dieser innere Tanz von Mann und Frau neu in einer Liebesbeziehung und in Sexualität manifestieren. Es ist eine Manifestation, die vom Raum zum Persönlichen geht und zurück vom Persönlichen in die Raumhaftigkeit. Sexualität war früher für mich – ich glaube wie für die meisten Menschen – ein momentanes Erfahren von Einheit auf einer sehr persönlichen Ebene. Es war ein momentanes teilnehmendes Sein bis hin zum Orgasmus und dem Bestreben, via Sexualität, immer wieder dorthin zu kommen. Dieses Bedürfnis ist vollkommen normal und natürlich und auch das gängige Empfinden. Für mich persönlich ist Sexualität heute aber noch viel mehr, nämlich immer ein Ausdruck dessen, was sich in meinem Innern bereits verbunden hat. Somit ist Sexualität ein äußerer Ausdruck meines inneren Empfindens, und dadurch hat es etwas von einem Gebet. Es ist fantastisch. Es ist wie ein ewiger Tanz. Das Individuelle öffnet sich ins Göttliche und das Göttliche ins Individuelle. In dieser Begegnung jenseits von Begegnung tut sich der Raum auf, der natürlich immer schon da war, aber im Erfahren tut er sich jetzt noch einmal anders auf. Das muss immer neu erfahren und manifestiert werden. So in etwa empfinde ich den Prozess, der kein Ende hat. Wie wunderbar! Und mit Andreas an meiner Seite habe ich eine Perle aus den Weiten des Ozeans gefischt, mit der dieses Erfahren etwas ganz Besonderes ist.

Satsang und Bücher

Schon vor meinem ersten Buch kamen Menschen mit der Bitte auf mich zu, gelegentlich mit ihnen zu meditieren und zu versuchen mit ihnen über mein Erfahren zu sprechen. So begann ich nach anfänglichem Zögern mit einer kleinen Gruppe in München zu arbeiten und nannte die Veranstaltungen Satsang. Sehr schnell wuchs dieser kleine Haufen und Menschen kamen aus anderen Städten dazu, die sich wünschten, dass ich auch in ihre Stadt käme. So begann eine inzwischen recht umfangreiche Reisetätigkeit in fünf Ländern Europas. Jetzt blicke ich auf zehn Jahre des Lehrens in Satsangs und Retreats zurück. Simultan zu meiner eigenen Entwicklung veränderte sich im Laufe der Jahre natürlich der Stil meines Lehrens, und auch die Zusammensetzung der Zuhörer verändert sich ständig. Es gibt einen harten Kern langjähriger Schüler, die inzwischen immer häufiger selbst in der Lage sind ihre eigene Weisheit mit anderen zu teilen. Welche Freude für den Lehrer! Und immer stoßen Menschen neu hinzu. Oft gab es auch schmerzliche Abschiede von langjährigen Schülern, oft freudiges Wiederbegrüßen und immer wieder die Freude über die Neugier neuer Besucher und das Wachsen und Gedeihen derer, die eine längere Strecke des Weges mit mir gingen. Und nicht nur meine Zuhörer lernen, auch ich lerne die ganze Zeit. In den Satsangs und Retreats ist der Fokus natürlich immer auf die Stille, die Meditation, die Raumhaftigkeit, das Gewahrsein gerichtet. Zugleich aber beschäftigen wir uns mit allen Themen, die für den Einzelnen oder auch kollektiv aktuell werden. Immer wieder wenden wir uns den schmerzenden Stellen zu und bemühen uns nach Hause zu bringen, was noch abgespalten ist oder als leidvolle Entfremdung erfahren wird – sei es im inneren Erfahren eines Menschen oder im täglichen Umgang mit Arbeit, Beziehung und Umfeld. In meinem Lehren geht es mir immer wieder um den Weg von der Illusion zur Klarheit zur Verwirklichung.

Mein Bestreben dabei war und ist es immer, den Menschen auf Augenhöhe zu begegnen. Ich möchte kein Guru sein, der unerreichbar über den Menschen schwebt, und möchte auch nicht als ein solcher behandelt werden. Dies ist aber manchmal gar nicht so einfach zu vermitteln. Immer wieder gibt es Bestrebungen, mich auf einen Thron zu setzen, und immer wieder erfolgt gesunde Enttäuschung, wenn ich mich dem verweigere oder mich als menschlich und fehlerhaft erweise. Das hängt vermutlich damit zusammen, dass wir hier im Westen keine entwickelte Kultur eines spirituellen Lehrers haben. Es gibt den Beichtvater, den Tutor, aber die Kultur eines spirituellen Lehrers in der Form, wie sie in Asien seit Jahrtausenden kultiviert wird, besitzen wir nicht. Und manchmal habe ich das Gefühl, dass ich noch sehr mit diesem Kulturimport zu kämpfen habe. Was die Entwicklung der Sangha – also der Menschen, die mit mir lernen – betrifft, so hat sich dies im Verlaufe der Jahre allerdings für mich alles sehr organisch und gut entwickelt.

Mein Dasein für Satsang und das Schreiben von sechs Büchern in dieser Zeit füllte natürlich mehr und mehr meine berufliche Tätigkeit aus. Aber nach wie vor – wenn auch in weit geringerem zeitlichem Umfang – bin ich mit großer Freude als Ärztin in meiner Praxis tätig.

Projekt „Bodhitree" – ein Versuch zur Integration sozialer und ökologischer Anliegen

Der Wunsch und das Bedürfnis nach Integration machten sich im Laufe der Jahre zunehmend auch bei meinen Schülern bemerkbar. Sie wollten das, was sie bei mir gelernt hatten, im Leben umsetzen, sei es in künstlerischen Projekten oder auch in der Arbeitswelt. So begannen wir – eine kleine Gruppe sehr engagierter Menschen, mit denen ich bis heute zusammenarbeite – eine Materialsammlung zu erstellen, haben Ideen gesammelt und sie in Interessengruppen aufgeteilt. Als idealen Rahmen hierzu organisierten wir ein wunderschönes Festival: Bodhitree. Mehrere hundert Menschen kamen und genossen das Wetter, die schöne Musik, den Basar und das gute Essen, das Zusammensein und die

Gemeinschaft mit Freunden und Gleichgesinnten. Dabei wurde sehr effektiv gearbeitet, um erste Ideen zu vertiefen: Meditation zu den Menschen bringen, eine „Gebetskette" (Fürbittenkreis) bilden, Informationen und Ideen zu Ökologie und Ökonomie, Nachbarschaftshilfe, Wohnprojekte, Arbeit mit Jugendlichen, künstlerische Projekte und vieles mehr. Die Begeisterung der Festivalteilnehmer war groß, und für alle war es eine sehr interessante und nachhaltige Erfahrung, aber über das Festival hinaus ist – leider – nicht sehr viel passiert. Es zeigte sich, dass bei den meisten Menschen doch die Zeit und auch das Engagement fehlten, ein Projekt durchzuziehen. Ich selbst habe mich ganz bewusst aus den Engagements herausgehalten, sollten es doch eigene Projekte meiner Schüler und Freunde sein. Was mir dabei aber auffiel war, dass es den Menschen leichter fällt, über ihre Verschiedenheit zu sprechen als Gemeinsamkeiten herauszuarbeiten. Zum Beispiel das Thema Einsamkeit, Alleinsein: Häufig klagen die Menschen über ihr Alleinsein und Single-Dasein. Sie möchten viel lieber mit anderen Menschen zusammenleben. Dann treffen sich sechs oder sieben Menschen und sprechen zwei Stunden lang über ihre Verschiedenheiten anstelle über ihre Gemeinsamkeiten. Das sind spannende Erfahrungen. Ich war mit anwesend, griff aber nicht ein.

Die Gruppe, die sich mit ökologischen Themen beschäftigt, sowie zwei Gruppen, die mit meiner Kernkompetenz zu tun haben, blieben bestehen: Die Meditationsgruppe (mit Meditationsleiterausbildung), und die „Gebetskette". Und beide sind ungemein segensreich. Zur „Gebetskette" haben sich inzwischen ca. 100 Menschen zusammengeschlossen, die bereit sind, andere Menschen, die sich in einer Krise befinden, in ihre spirituelle Praxis und ihr Gebet mit einzubeziehen.

Es zeigte und zeigt sich, dass viele Menschen diese Sehnsucht nach dem WIR haben, aber bei der Verwirklichung große Schwierigkeiten erfahren.

Wenn wir uns auf das WIR einlassen, muss uns bewusst werden, dass wir etwas dafür geben müssen. Am Beispiel Wohnprojekte: Wir sollten uns schon im Vorfeld fragen: Was muss ich investieren, wenn ich mit anderen Menschen zusammenleben will? Wie sehr muss ich mich einbringen? Und was bin ich bereit zu geben, um die gemeinsame Vision zu verwirklichen? Und vor allem: Was ist uns gemeinsam? Was wollen wir zusammen?

In unserem Bodhitree-Projekt kristallisierte sich sehr schnell heraus, dass jedes Projekt einen charismatischen Menschen braucht, der es leitet und die Verantwortung dafür übernimmt. Der Wille zu einem solchen Projekt alleine reicht nicht, auch wenn man ein Team ist, das die gleichen Ideen und Wünsche hat. Uns hat es an Menschen gefehlt, die von einer Idee nicht nur begeistert sind, sondern die auch etwas umsetzen und Kraft investieren wollen. Bodhitree hat mir deutlich gezeigt, dass eine Führungsperson nötig ist. Das Projekt Gebetskette zum Beispiel funktioniert: Zwei charismatische Menschen leiten es wunderbar. Diese Erfahrung bestätigt mir, dass die Entwicklung in Richtung holarchischer Strukturen geht, worin es durchaus eine Autorität gibt. Holarchische Strukturen funktionieren ähnlich wie die hierarchischen Strukturen des Körpers: Das Hirn regelt und bestimmt vieles, aber nur um den anderen Organen zu dienen, nicht weil es etwas Besonderes ist.

Scheitern und Gelingen

Wenn ich jetzt zurückblicke und je länger der Zeitraum wird, seitdem dieses Erfahren stattgefunden hat, umso unwesentlicher erscheint mir dieser Punkt, den man in der Terminologie Erwachen nennt. Bedeutsamer hingegen erscheinen mir alle diese Herausforderungen, die Manifestationen und Integrationen, die daraus folgen. Ich glaube auch nicht, dass die Integration jemals aufhört. Gleichzeitig ist es aber auch ein kreativer Prozess des ständigen Neu-Erschaffens und Neu-Manifestierens auf eine andere Art.

Viele der Integrationsprozesse der letzten zehn Jahre hatten in meinem Erfahren zunächst einen Aspekt des Scheiterns und später den des Gelingens. So scheiterte meine Ehe, und später fand sich ein Zusammensein auf einer anderen Ebene und eine neue große Liebe. Bodhitree schien in manchen Punkten und Projekten, die wir zunächst vorhatten, zu scheitern, zeigt sich aber letztendlich als großes Geschenk, an dem wir alle lernen und das in der Gebetskette und im Meditationsleitertraining stabile Früchte hervorgebracht hat. Sexualität schien zunächst nicht mehr möglich zu sein, um sich jetzt auf einer neuen Ebene und in großer Freude und Feier neu zu leben.

Ausblick

Wenn ich von meinem heutigen Standpunkt aus schaue, weiß ich nicht, wohin die Reise weiter geht, aber ich kann auch gut in diesem Nicht-Wissen stehen. An verschiedenen Stellen zeigt sich schon die eine oder andere Richtung, aber ich kann nicht um die Ecke schauen und weiß deshalb nicht, was genau passieren wird. Sowohl auf Grund der Wirtschaftslage wie auch der Entwicklung der spirituellen Szene werde ich Dinge in meiner Arbeit umstrukturieren. Im Sinne dieses Buches und des WIR möchte ich viele Menschen erreichen, mit denen ich diesen Weg weiter gehen kann. Ich möchte mit Menschen aus den verschiedensten Lebensbereichen arbeiten. Vielleicht kann ich so ein wenig dazu beitragen, die Sicht des klaren Gewahrseins und der unendlichen Bezogenheit des WIR bei uns allen zu unterstützen, auf dass wir zufriedener und weniger destruktiv auf diesem wunderschönen blauen Planeten leben können und unseren Auftrag, unseren Fuß auf diese Erde zu setzen erfüllen. Dann werden wir die Ökologie – die Wissenschaft vom Hausen – zutiefst verstehen und erlernen.

Ähnlich wie mit dem Anfang dieses Buches geht es mir mit seinem Ende. Dies ist das Ende dieses Buches, und doch schrieb ich diese Zeilen, als das Buch noch gar nicht geschrieben war. So ist es ein erstes Ende und doch nicht das Ende. Und jetzt, wenn ich gleich auf die Senden-Taste drücke und diesen Text an den Verlag schicke, ist dann das Ende wirklich erreicht? Nein, denn die Wirksamkeit aller unserer Gedanken und Handlungen hört nicht mit dem Ende des Gedankens oder der Handlung auf, sondern breitet sich aus über lange Zeit. Jemand sagte einmal: „Der Klang einer gezupften Saite wird bis in den entferntesten Winkel des Weltalls gehört." So möge dieses Buch nun also, da es von mir als Autorin und von Ihnen als sicherlich offene und wohlgesinnte Leser beendet ist, Wirkung zum Wohle des Ganzen – zu unser aller Wohl entfalten.

Literaturhinweise

Bernay, Edward, *Propaganda,* deutsche Erstausgabe: Orange Press, 2007

Donne, John, *Alchemie der Liebe,* Diogenes Verlag, Zürich, 1996

Elgin, Duane, *Ein Versprechen für die Zukunft,* J. Kamphausen, Bielefeld, 2004

Gore, Al, *Wege zum Gleichgewicht,* Fischer Taschenbuch Verlag, Frankfurt a.M., 1994

Govinda, Lama A., *Grundlagen tibetischer Mystik,* O.W. Barth Verlag, 1991

Laotse, *Tao-te-king,* Hugendubel Verlag (Diederichs), München, 2000

Laszlo, Evin, *Macroshift,* Insel Verlag, Frankfurt a.M., 2003

Moewes, Jan, *Für 12 Mark 80 durch das Universum,* Zweitausendeins, Frankfurt a.M., 1996

Morrison, Philip und Phylis, *Zehn Hoch,* Spektrum Akademischer Verlag, Heidelberg, 2003

Naish, John, *Genug,* Verlagsgruppe Lübbe, Bergisch Gladbach, 2008

Nichtern, Ethan, *Buddhismus 3.0,* Windpferd Verlag, Oberstdorf, 2007

Petrini, Carlo, *Gut, Sauber und Fair,* Verlag Tre Torri, 2007

Petrini, Carlo, *Slow Food,* Rotpunktverlag, Zürich, 2003

Reitz, Hans (Hrsg.), *Die Kraft der Würde, The Power of Dignity,* J. Kamphausen, Bielefeld, 2008

Stevenson, Robert Louis, *Der seltsame Fall des Dr. Jekyll und Mr. Hyde,* 1886

Swimme, Brian, *Das Universum ist ein grüner Drache,* Aurum, Bielefeld, 2007

Troll, Pyar, *Reise ins Nichts,* J. Kamphausen, Bielefeld, 2000

Troll, Pyar, *Poesie der Stille – Tanz des Lebens,* J. Kamphausen, Bielefeld, 2002

Troll, Pyar, *Bodhicitta – das erwachte Herz,* Aurum, Bielefeld, 2005

Troll, Pyar, *Satsang,* Hugendubel Verlag, 2006

Troll, Pyar, *Hütet das Feuer!,* Aurum, Bielefeld, 2006

Wilber, Ken, *Ganzheitlich Handeln,* Arbor Verlag, Freiamt, 2001

Yeshe Tsogyal, *Der Lotusgeborene im Land des Schnees,* Fischer Taschenbuch Verlag, Frankfurt a.M, 1996

Zur Autorin

Pyar Troll-Rauch gibt seit Jahren als spirituelle Lehrerin Satsangs und Retreats. Gleichzeitig steht sie mitten im Leben, arbeitet als praktizierende Ärztin, ist verheiratet und lebt mit ihrem Mann und fünf weiteren Menschen in einer Lebensgemeinschaft.

In ihren Veranstaltungen steht die Vermittlung von Einsicht, Gewahrsein und spiritueller Praxis im Mittelpunkt. Soziale und ökologische Fragen haben dabei immer auch Raum.

Information zu Pyars Arbeit, Veranstaltungstermine und Kontaktmöglichkeit finden Sie hier:

www.pyar.de

Peter Spiegel / Roger Richter

Die Kraft der Würde

Mit der Gründung der Grameen Bank durchbrach Muhammad Yunus einen Teufelskreis aus Armut und Verzweiflung – und schaffte für Millionen Menschen nicht nur eine Lebensgrundlage, sondern schenkte ihnen neue Zuversicht.

Dieser einzigartige Bildband porträtiert Menschen, denen es durch die Kleinstkredite möglich wurde, sich ein neues Leben aufzubauen.

Spiegel / Richter: The Power of Dignity | 224 Seiten | ISBN 978-3-89901-169-2

...hier geht's weiter!

Verehrte Leserin, verehrter Leser,

wir laden Sie herzlich ein, mit uns neue, inspirierende und multimediale Wege zu gehen.

ONLINE

informieren – austauschen – mitwirken – begegnen

Nutzen Sie die vielen Möglichkeiten unserer Website.

- Info-Pakete & Online-Kurse
- Mitschnitte & Tageslosungen
- Aktionen, Foren & Newsletter
- Communities in „mein.weltinnenraum.de"
- Blogs und Vlogs, u. ä.

Wir freuen uns auf Sie
Ihr

Joachim Kamphausen, Verleger